Salahddine Krit

Comércio de TIC:

Salahddine Krit

Comércio de TIC:

Segredos do mercado institucional revelados

ScienciaScripts

Imprint

Any brand names and product names mentioned in this book are subject to trademark, brand or patent protection and are trademarks or registered trademarks of their respective holders. The use of brand names, product names, common names, trade names, product descriptions etc. even without a particular marking in this work is in no way to be construed to mean that such names may be regarded as unrestricted in respect of trademark and brand protection legislation and could thus be used by anyone.

Cover image: www.ingimage.com

This book is a translation from the original published under ISBN 978-620-7-48001-2.

Publisher:
Sciencia Scripts
is a trademark of
Dodo Books Indian Ocean Ltd. and OmniScriptum S.R.L publishing group

120 High Road, East Finchley, London, N2 9ED, United Kingdom
Str. Armeneasca 28/1, office 1, Chisinau MD-2012, Republic of Moldova, Europe
Printed at: see last page
ISBN: 978-613-9-84827-0

Copyright © Salahddine Krit
Copyright © 2024 Dodo Books Indian Ocean Ltd. and OmniScriptum S.R.L publishing group

Negociação de TIC: Segredos do mercado institucional revelados

Autor : <u>Dr. Salahddine Krit</u>

Tabela de materiais

Resumo

O mundo do comércio é dominado há muito tempo por comerciantes de retalho que seguem métodos convencionais, mas por detrás da cortina existe uma abordagem diferente, utilizada por instituições para movimentar os mercados. *Mastering ICT Trading* desvenda estas técnicas institucionais, particularmente as ensinadas pelo Inner Circle Trader (ICT). O livro fornece um roteiro para os investidores compreenderem os métodos institucionais, centrando-se na estrutura do mercado, na liquidez, nos blocos de ordens e no timing, para obterem uma vantagem sobre o típico investidor de retalho. Ao tirar partido destes conhecimentos, os leitores aprenderão a antecipar os movimentos do mercado com precisão, a gerir eficazmente o risco e a executar transacções com a experiência de profissionais experientes.

No intrincado e muitas vezes desconcertante mundo da negociação financeira, a paisagem está repleta de mitos e equívocos. Muitos investidores - especialmente os que são novos nos mercados - vêem-se enredados numa teia de desinformação, muitas vezes guiados por estratégias que respondem mais ao sentimento do retalho do que às verdadeiras correntes da atividade institucional. Esta disparidade cria uma lacuna de conhecimento significativa que pode impedir o sucesso de um trader. À medida que os mercados financeiros evoluem, a necessidade de uma compreensão sólida das estratégias empregues pelos operadores institucionais - aqueles que exercem uma influência substancial sobre os movimentos do mercado - nunca foi tão crítica.

"Mastering ICT Trading: Institutional Market Secrets Unveiled" foi concebido para dotar tanto os operadores aspirantes como os experientes dos conhecimentos e ferramentas necessários para navegar com êxito neste complexo panorama. Com base nas metodologias pioneiras do Inner Circle Trader (ICT), este livro enfatiza a compreensão da estrutura do mercado, a dinâmica da liquidez e os padrões de comportamento do smart money. Ao aprofundar estes conceitos, este livro pretende colmatar a lacuna entre o comércio a retalho e as práticas institucionais, iluminando um caminho para decisões de negociação informadas que podem levar a uma rentabilidade consistente.

Ao longo deste livro, vamos desvendar os princípios fundamentais da negociação das TIC, começando com uma exploração aprofundada da estrutura do mercado - a base sobre a qual todas as estratégias de negociação eficazes são construídas. Compreender a estrutura do mercado envolve reconhecer o fluxo da ação do preço e identificar os níveis chave onde as pressões de compra e venda se cruzam. Iremos aprofundar os meandros dos altos e baixos de oscilação, enfatizando a forma como estes pontos fundamentais revelam a direção e o sentimento do mercado. Para além disso, dissecaremos o conceito de quebras de estrutura, ensinando-o a identificar estas mudanças na dinâmica do mercado à medida que acontecem, e não em retrospetiva.

Outro aspeto vital da nossa discussão serão os pools de liquidez - áreas no mercado onde as ordens de compra ou venda significativas são susceptíveis de serem preenchidas. Reconhecer estas zonas de liquidez é essencial para antecipar os movimentos do mercado, uma vez que servem frequentemente como ímanes para a ação dos preços. Ao compreender onde existem estes pools, pode posicionar as suas transacções de forma mais estratégica, alinhando-as com as acções dos intervenientes institucionais que procuram explorar estas ineficiências do mercado.

Este livro também abordará tópicos avançados, como fases de mercado, gaps de valor justo e bloqueios de ordens. As fases do mercado permitem-nos categorizar o sentimento predominante - se é de alta, de baixa ou de consolidação - ajudando-nos a adaptar as nossas estratégias em conformidade. As lacunas de valor justo fornecem informações sobre áreas onde o preço pode voltar ao equilíbrio, enquanto os blocos de ordens destacam zonas de compra ou venda institucional que podem ter um impacto significativo nos movimentos de preços. Cada um destes conceitos será acompanhado de exemplos práticos e de ideias acionáveis que pode aplicar diretamente às suas estratégias de negociação, reforçando os fundamentos teóricos com aplicabilidade no mundo real.

Além disso, examinaremos o papel crítico do tempo na negociação. Serão explorados conceitos como o enviesamento diário e o significado das sessões de negociação, uma vez que a compreensão destes aspectos temporais pode permitir-lhe antecipar os movimentos do mercado e tomar decisões de negociação informadas que se alinham com os fluxos institucionais. Este enfoque no tempo ajudá-lo-á a discernir os momentos mais oportunos para entrar ou sair das transacções, melhorando a sua eficácia global de negociação.

No entanto, esta viagem não se resume à aquisição de competências técnicas; trata-se também de promover uma profunda mudança de mentalidade. O nosso objetivo é transformá-lo de um trader reativo, frequentemente sujeito aos caprichos do mercado, num participante proactivo que pode antecipar e capitalizar as tendências do mercado. Ao mergulhar no material, irá descobrir os segredos do dinheiro inteligente, ganhando conhecimentos sobre a forma como os investidores institucionais pensam e operam, o que será inestimável na elaboração da sua abordagem de negociação única.

"Mastering ICT Trading" não é apenas um guia; é um convite para se envolver com o mercado a um nível mais profundo e significativo. Ao compreender os princípios da negociação institucional, desenvolverá a confiança necessária para navegar habilmente no panorama financeiro, aproveitar as oportunidades à medida que estas surgem e, por fim, atingir os seus objectivos de negociação com consistência e precisão.

Ao embarcarmos juntos nesta viagem, irá desvendar os segredos do comportamento do mercado institucional, aperfeiçoando as suas competências e estratégias ao longo do caminho. Este livro serve como um roteiro abrangente para dominar a negociação de TIC, fornecendo-lhe as ferramentas para navegar nas complexidades dos mercados financeiros e estabelecer-se como um operador proficiente. O seu caminho para se tornar um operador de TIC adepto começa aqui - vamos mergulhar na arte de negociar com objetivo, clareza e convicção.

Capítulo 1: Os fundamentos do comércio das TIC

Introdução ao comércio de TIC

Os mercados financeiros apresentam uma arena vasta e complexa, muitas vezes vista como imprevisível e caótica. No entanto, dentro deste caos existe um quadro estruturado, especialmente quando apresentado através da lente da metodologia Inner Circle Trader (ICT). Este capítulo serve como uma introdução essencial aos conceitos fundamentais da negociação ICT, uma abordagem única que revela os segredos das operações do mercado institucional. A compreensão destes princípios é crucial para os investidores que pretendem navegar no mercado com precisão e confiança.

A metodologia ICT enfatiza uma mistura de análise técnica, psicologia de mercado e a dinâmica do comércio institucional. Na sua essência, procura revelar como os intervenientes institucionais influenciam os movimentos do mercado e como os investidores de retalho podem alinhar as suas estratégias com estas forças maiores. Ao compreender os principais componentes da negociação ICT, os investidores podem desenvolver uma compreensão diferenciada do comportamento do mercado, levando, em última análise, a decisões de negociação mais informadas e estratégicas.

1.1 Compreender a estrutura do mercado

A estrutura do mercado é a espinha dorsal de qualquer estratégia de negociação. Ela engloba as várias fases e movimentos que o preço sofre ao longo do tempo, ditando as tendências gerais dentro do mercado. Um aspeto fundamental da estrutura do mercado é o reconhecimento de oscilações de altos e baixos. Um swing high representa um pico no preço onde o interesse de compra superou temporariamente a pressão de venda, enquanto um swing low indica um vale onde a pressão de venda deu lugar a um interesse de compra renovado.

Os investidores utilizam estes pontos de oscilação para identificar potenciais áreas de inversão e continuações de tendências. Por exemplo, uma quebra de uma oscilação anterior sinaliza uma tendência de alta, enquanto uma quebra abaixo de uma oscilação baixa indica um sentimento de baixa. A compreensão desta dinâmica permite que os investidores tomem decisões informadas sobre os pontos de entrada e saída.

Além disso, o conceito de quebras de estrutura (BOS) é fundamental. Uma BOS ocorre quando o preço se move para além dos pontos de oscilação estabelecidos, indicando uma potencial mudança no sentimento do mercado. Esta mudança é frequentemente acompanhada por um aumento da volatilidade e do volume de transacções, confirmando ainda mais a mudança na direção do mercado. Ao analisar estas quebras, os investidores podem melhorar os seus processos de tomada de decisão e alinhar as suas estratégias com as tendências prevalecentes no mercado.

Para além dos pontos de oscilação e das quebras de estrutura, os pools de liquidez desempenham um papel significativo na estrutura do mercado. Estes pools são áreas onde as ordens de compra e venda se acumulam, muitas vezes levando a movimentos de preços significativos quando acionados. O reconhecimento destas zonas de liquidez permite aos investidores antecipar potenciais reacções do mercado e posicionarem-se em conformidade. Compreender a estrutura do mercado é fundamental para qualquer negociador, uma vez que constitui a base para a tomada de decisões estratégicas face às condições flutuantes do mercado.

1.2 A dinâmica dos pools de liquidez

Os pools de liquidez são essenciais para compreender a estrutura e o comportamento do mercado. Referem-se a áreas onde existe um número significativo de ordens de compra e venda, criando oportunidades de movimento de preços quando essas ordens são executadas. Os investidores institucionais colocam frequentemente as suas ordens em torno destas zonas de liquidez para facilitar grandes transacções sem causar perturbações significativas nos preços.

Para os comerciantes de retalho, o reconhecimento de pools de liquidez pode fornecer informações sobre potenciais inversões ou continuações de preços. Um cenário comum envolve o movimento do preço em direção a um conjunto de liquidez, onde pode reverter devido ao influxo de ordens opostas ou continuar a sua tendência à medida que as ordens são preenchidas. Por conseguinte, compreender a liquidez é crucial para os investidores que pretendem capitalizar os movimentos de preços de forma eficaz.

Os pools de liquidez estão frequentemente associados a níveis de preços significativos, tais como áreas de suporte e resistência. Quando o preço se aproxima de uma zona de liquidez, os investidores devem avaliar a probabilidade de uma inversão ou de uma continuação. Ferramentas como os níveis de retração de Fibonacci e as médias móveis podem ajudar a identificar estes pontos críticos no mercado.

Além disso, é vital reconhecer o papel das ordens stop-loss em relação aos pools de liquidez. Muitos investidores de retalho colocam ordens de paragem de perda logo a seguir a estes níveis críticos, criando um ambiente propício à caça de paragens, em que os intervenientes institucionais conduzem o preço para acionar estas ordens e gerar liquidez para as suas posições. A compreensão desta dinâmica pode permitir que os investidores ajustem as suas estratégias e protejam o seu capital, evitando as armadilhas comuns associadas às "stop hunts".

1.3 O fenómeno das caçadas de emergência

As "stop hunts" representam uma manobra tática utilizada pelos operadores institucionais para criar liquidez. Ao fazer com que o preço accione as ordens stop-loss dos investidores de retalho, as instituições podem acumular posições a preços mais favoráveis. Este fenómeno ocorre frequentemente em torno de oscilações significativas de altos e baixos ou de pools de liquidez, onde muitos operadores de retalho colocaram as suas ordens de paragem.

Para os comerciantes de retalho, compreender as "stop hunts" é crucial para desenvolver uma estratégia de negociação sólida. Estes eventos criam frequentemente movimentos de preços súbitos e acentuados que podem levar a perdas substanciais para os investidores não preparados. Ao antecipar potenciais cenários de stop-hunt, os investidores podem posicionar-se melhor para evitar perdas desnecessárias e capitalizar nas subsequentes inversões de preços.

Reconhecer os sinais de uma iminente caça ao stop envolve a análise do comportamento do mercado em torno de níveis-chave. Por exemplo, se o preço se aproximar de uma zona de liquidez conhecida e mostrar sinais de maior volatilidade, isso pode indicar que as instituições estão a visar essas ordens stop-loss. Os negociadores podem utilizar este conhecimento para implementar estratégias como a colocação de ordens stop-loss em níveis mais estratégicos, que podem não ser facilmente visados pelos intervenientes institucionais.

Além disso, a incorporação de técnicas de gestão de risco, tais como trailing stops e níveis de stop-loss mais alargados, pode ajudar a mitigar o impacto da caça aos stops. Ao adotar uma abordagem mais defensiva, os investidores podem proteger o seu capital, mantendo-se flexíveis aos movimentos do mercado.

1.4 Fases e ciclos do mercado

Compreender as fases do mercado é essencial para uma negociação eficaz. Os mercados movem-se normalmente através de quatro fases primárias: acumulação, markup, distribuição e markdown. Cada fase representa um estado diferente do sentimento do mercado e do comportamento dos preços.

1. **Fase de acumulação**: Durante esta fase, o smart money acumula posições na expetativa de um aumento de preços. Este período é caracterizado por uma baixa volatilidade e ocorre frequentemente após uma queda do mercado, onde os preços estabilizam à medida que o interesse de compra começa a surgir.
2. **Fase de markup**: Após a acumulação, o mercado entra na fase de markup, caracterizada pelo aumento dos preços à medida que a procura ultrapassa a oferta. Esta fase atrai mais comerciantes retalhistas, fazendo subir ainda mais os preços à medida que o otimismo aumenta.
3. **Fase de distribuição**: À medida que os preços atingem novos máximos, os intervenientes institucionais começam a distribuir as suas participações, o

que conduz frequentemente a uma maior volatilidade. Os comerciantes de retalho podem tornar-se demasiado optimistas, criando um ambiente enganador em que o mercado está pronto para uma inversão.

4. **Fase de remarcação**: Finalmente, o mercado entra na fase de remarcação, caracterizada pela descida dos preços. Esta fase resulta frequentemente do culminar da distribuição, onde a pressão de venda excede o interesse de compra, levando a novas quedas de preços.

Ao reconhecer estas fases do mercado, os investidores podem alinhar as suas estratégias com o sentimento prevalecente e antecipar potenciais movimentos de preços. Cada fase apresenta oportunidades e riscos únicos, exigindo que os investidores adaptem as suas abordagens em conformidade.

1.5 Lacunas de justo valor e blocos de encomendas

As lacunas de justo valor (FVG) e os blocos de ordens são conceitos críticos no âmbito do quadro de negociação das TIC. As lacunas de valor justo referem-se a áreas no gráfico de preços onde o preço se moveu demasiado depressa, deixando uma lacuna de valor que é suscetível de ser preenchida no futuro. A identificação destas lacunas permite aos investidores identificar potenciais pontos de inversão ou áreas de interesse para futuras transacções.

Os blocos de ordens, por outro lado, representam zonas onde ocorreu uma atividade significativa de compra ou venda, muitas vezes conduzindo a inversões de preços. Estas zonas são marcadas por uma consolidação do preço antes de um movimento significativo, indicando a presença de interesse institucional. A compreensão dos blocos de ordens ajuda os investidores a identificar potenciais áreas de apoio e resistência, orientando as suas decisões de entrada e saída.

Ao analisar os gaps de valor justo e os blocos de ordens, os investidores podem melhorar os seus processos de tomada de decisão e desenvolver uma compreensão mais sofisticada do comportamento do mercado. A utilização de ferramentas como os padrões de velas e a análise de volume pode aperfeiçoar ainda mais a sua abordagem, permitindo-lhes capitalizar eficazmente os movimentos de preços.

1.6 Teoria do tempo e do preço

A teoria do tempo e do preço é um conceito fundamental na negociação de TIC, enfatizando a relação entre os movimentos de preços e os intervalos de tempo. Esta teoria postula que os níveis de preços e os períodos de tempo específicos têm uma importância significativa na determinação do comportamento do mercado.

Por exemplo, os investidores observam frequentemente que certos níveis de preços são revisitados ao longo do tempo, o que sugere a presença de interesse institucional. Este comportamento alinha-se com a noção de que os mercados são cíclicos, com movimentos de preços influenciados por padrões históricos. Ao analisar a ação dos preços em vários períodos de tempo, os investidores podem obter uma compreensão mais profunda da dinâmica do mercado e identificar potenciais oportunidades de negociação.

Além disso, a interação entre o tempo e o preço sublinha a importância da paciência na negociação. Os mercados nem sempre se movem em padrões previsíveis e a compreensão de que os movimentos de preços levam tempo a desenvolver-se é vital para uma negociação bem sucedida. Ao incorporar a análise do tempo nas suas estratégias, os investidores podem melhorar a sua capacidade de antecipar os movimentos de preços e alinhar as suas transacções com a narrativa mais ampla do mercado.

Conclusão:

Os fundamentos da negociação TIC fornecem um quadro abrangente para a compreensão das complexidades dos mercados financeiros. Através da exploração da estrutura do mercado, pools de liquidez, stop hunts, fases do mercado, lacunas de valor justo, blocos de ordens e teoria do tempo e do preço, os investidores podem desenvolver uma perspetiva diferenciada que lhes permite navegar no mercado com confiança.

Ao dominar estes conceitos fundamentais, os investidores podem melhorar os seus processos de tomada de decisão e posicionar-se para reconhecer as tendências e inversões emergentes. As percepções obtidas através da compreensão do comportamento do mercado e da dinâmica institucional servirão como activos inestimáveis, equipando os operadores com os conhecimentos e as competências necessárias para prosperar num ambiente competitivo.

À medida que avançamos para os capítulos seguintes, basear-nos-emos nestes conceitos fundamentais, aprofundando as estratégias avançadas que alavancam os princípios aqui discutidos. A jornada para o mundo da negociação de TIC é uma jornada de aprendizagem e adaptação contínuas, e os conhecimentos obtidos neste capítulo servirão como trampolins críticos no caminho para dominar os segredos do mercado institucional.

A liquidez é o motor que impulsiona os mercados financeiros, e uma compreensão profunda da liquidez é essencial para dominar as estratégias de negociação institucionais, particularmente as da metodologia ICT (Inner Circle Trader). A liquidez, ou a disponibilidade de compradores e vendedores no mercado, dita o movimento dos preços e é a principal razão pela qual os mercados se movem. Ao reconhecer onde existem pools de liquidez e como os negociadores institucionais visam essas áreas, pode posicionar-se para negociar ao lado do "dinheiro inteligente" e evitar as armadilhas criadas para os negociadores de retalho desinformados.

Este capítulo aprofunda a liquidez, expandindo a forma como esta impulsiona a ação dos preços, a exploração estratégica de pools de liquidez e como os investidores podem alavancar os conceitos de stop hunts, vazios de liquidez e Zonas de Liquidez Institucional (ILZs). A compreensão destes elementos irá melhorar a sua capacidade de negociar com confiança e precisão em qualquer mercado.

2.1 O que é a liquidez?

A liquidez, na sua forma mais básica, é a capacidade de comprar ou vender um ativo sem afetar drasticamente o seu preço. Em mercados de elevada liquidez, como o forex ou os principais índices de acções, são constantemente colocadas grandes quantidades de ordens, tanto por comerciantes de retalho como por grandes instituições. Este fluxo constante de ordens de compra e venda garante que as transacções podem ser executadas sem problemas e que os preços mudam gradualmente. Inversamente, em mercados menos líquidos, como as moedas de mercados emergentes ou as penny stocks, as grandes ordens podem criar mudanças significativas de preços devido à falta de contrapartes dispostas a negociar.

1. **Profundidade do mercado**: A profundidade do mercado refere-se ao número de ordens de compra e venda disponíveis a diferentes níveis de preços. Quanto mais ordens empilhadas a preços variáveis, mais profundo é o mercado e menos provável é que uma grande ordem tenha um impacto significativo no preço. Os investidores institucionais prosperam em mercados profundos, onde podem esconder as suas grandes ordens dentro do fluxo da atividade regular do mercado.

2. Imediatismo: Imediatismo é a capacidade de executar ordens rapidamente sem esperar por outros participantes no mercado. Os mercados com elevada liquidez garantem que as ordens são executadas num instante. Os mercados pouco líquidos, por outro lado, podem causar atrasos, uma vez que os operadores têm de esperar que apareçam compradores ou vendedores, podendo, entretanto, alterar o preço de forma desfavorável.

Exemplos de mercados líquidos vs. ilíquidos

- **Mercados líquidos**: Pares de divisas como o EUR/USD, futuros do S&P 500 ou acções de grande capitalização como a Apple ou a Microsoft.
- **Mercados ilíquidos**: Acções de baixo custo, pares de moedas menores como USD/ZAR, ou acções de pequena capitalização com baixos volumes de negociação diários.

Em termos práticos, a liquidez define a facilidade com que se pode entrar e sair das transacções sem derrapagem. Para os comerciantes de retalho, a derrapagem pode ser um pequeno incómodo. No entanto, para as instituições, a derrapagem pode transformar uma transação lucrativa numa perda, uma vez que mesmo alguns pips de movimento em posições maciças podem traduzir-se em diferenças monetárias significativas.

2.2 Pools de liquidez: O pote de mel institucional

Um **pool de liquidez** é uma área no mercado onde um grande número de ordens de compra ou venda estão agrupadas, aguardando execução. Estes pools estão mais frequentemente localizados em níveis técnicos chave, tais como oscilações de máximos e mínimos, máximos e mínimos do dia anterior e números redondos psicológicos. Os comerciantes de retalho colocam frequentemente as suas ordens stop-loss nestes níveis, pensando que estão seguros. No entanto, as instituições reconhecem estes clusters como fontes valiosas de liquidez.

Porque é que os pools de liquidez são importantes para as instituições

As instituições, devido à sua dimensão, não podem simplesmente entrar ou sair do mercado tão facilmente como os pequenos investidores. Precisam de grandes quantidades de liquidez para executar as suas transacções sem causar grandes derrapagens. Os pools de liquidez oferecem-lhes a oportunidade de o fazer, uma vez que estas áreas fornecem as ordens necessárias para facilitar as transacções da instituição.

Considere-se um cenário em que uma instituição pretende vender um grande número de contratos sobre o S&P 500. Se colocar uma ordem de mercado sem qualquer preocupação com a liquidez, arrisca-se a empurrar o preço para baixo antes de toda a ordem ser satisfeita. Ao visar um conjunto de liquidez, por exemplo, um máximo anterior onde são colocadas ordens de paragem de perda, podem acionar essas paragens e preencher as suas próprias ordens de venda com uma derrapagem mínima.

Como se formam os pools de liquidez

Os pools de liquidez formam-se por várias razões:

- **Agrupamento de Stop-Loss**: Os investidores de retalho colocam frequentemente as suas ordens de paragem de perda logo acima de um máximo anterior ou abaixo de um mínimo recente, esperando que estes níveis actuem como suporte ou resistência. Estas ordens de paragem tornam-se um alvo privilegiado para as instituições que procuram liquidez.

- **Níveis psicológicos**: Os números redondos (como 1,2000 em EUR/USD ou $100 para acções) são níveis de preços comuns onde os operadores de retalho e institucionais colocam ordens. Estes níveis funcionam como ímanes para o preço devido à importância psicológica que têm.
- **Períodos de tempo chave**: No final das sessões de negociação, como no fecho de Londres ou Nova Iorque, assiste-se frequentemente a um aumento da liquidez, uma vez que os investidores liquidam as suas posições do dia. Da mesma forma, a liquidez pode aumentar com a divulgação de dados económicos importantes.

Negociando pools de liquidez: Explorando o comportamento institucional

Um aspeto crítico da negociação de TIC é a compreensão de como explorar esses pools de liquidez. Os operadores que se alinham com o comportamento institucional podem lucrar antecipando as inversões de preços depois de a liquidez ter sido aproveitada. Por exemplo:

- **Varrimento de liquidez**: Quando o preço sobe acima de um máximo anterior (pool de liquidez), accionando stop-losses, mas depois inverte rapidamente, é muitas vezes um sinal de que as instituições preencheram as suas ordens. Um operador de TIC experiente reconheceria isto como uma oportunidade para entrar numa posição curta após a varredura de liquidez.
- **Corrida de liquidez**: Isto ocorre quando o preço se move agressivamente em direção a um pool de liquidez e o ultrapassa. Os traders de TIC esperam por sinais de rejeição ou reversão de preços após o pool ter sido explorado.

Exemplo:

Imaginemos que o EUR/USD está a ser negociado perto de um máximo de oscilação anterior de 1,2000. Os investidores de retalho que estão curtos no mercado colocaram os seus stop-losses imediatamente acima deste nível. As instituições, reconhecendo este conjunto de stops, empurram o preço ligeiramente acima de 1,2000, accionando os stops e acedendo à liquidez necessária para preencher as suas ordens de venda. Depois de a liquidez ter sido retirada, o preço inverte e continua a descer. Os comerciantes de TIC que reconhecem este movimento podem entrar em posições curtas após a varredura de liquidez.

2.3 Stop Hunts: Uma estratégia deliberada para recolher liquidez

Um **"stop hunt"** ocorre quando os investidores institucionais empurram deliberadamente o preço de mercado para desencadear "stop-losses" colocadas por investidores de retalho. Isto pode parecer manipulação, mas, de facto, é um processo necessário nos mercados em que as instituições precisam de aceder a liquidez para entrar ou sair de posições grandes.

A mecânica de uma caça à paragem

Numa caça à paragem, o preço é conduzido para um conjunto de liquidez conhecido onde se agrupam ordens de paragem de perda. Uma vez acionados estes stops, os operadores institucionais utilizam a liquidez fornecida pelos operadores retalhistas para executar as suas próprias transacções. O preço inverte então tipicamente após a conclusão do stop hunt, deixando muitos comerciantes retalhistas em posições perdedoras.

Por exemplo, se os investidores de retalho colocaram os seus stops logo abaixo de um mínimo recente, as instituições podem empurrar o preço ligeiramente para baixo para acionar esses stops. Assim que os stops são acionados, o preço inverte e sobe, deixando os investidores de retalho que foram impedidos de entrar no mercado.

Identificar os locais de paragem

Os investidores podem detetar stop hunts procurando os seguintes sinais:

- **Movimentos rápidos de preços**: Movimentos repentinos e bruscos numa direção, particularmente em direção a um nível técnico chave, são muitas vezes um sinal de uma caça ao stop.

- **Falta de factores fundamentais**: Se o preço estiver a mover-se rapidamente sem qualquer razão fundamental subjacente (como um comunicado de imprensa), pode ser uma indicação de que está a ocorrer uma caça à paragem.
- **Reversões após a liquidez ser aproveitada**: Depois que os stops são acionados, o preço normalmente reverte rapidamente, muitas vezes deixando um longo pavio no gráfico de preços.

Defender-se contra a caça ao tesouro

A metodologia ICT ensina os investidores a evitar colocar ordens stop-loss em áreas óbvias onde existem pools de liquidez. Em vez de colocar stops logo abaixo dos mínimos de swing ou acima dos máximos de swing, os operadores de TIC usam stops mais profundos ou confiam em saídas baseadas no tempo para evitar serem vítimas de "stop hunts".

Exemplo:

Suponha que o par USD/JPY tem estado a ser negociado num intervalo estreito, com uma oscilação baixa em 110,00. Muitos comerciantes de retalho colocam os seus stop-loss logo abaixo deste nível, esperando que a marca dos 110,00 se mantenha. Uma instituição pode empurrar o preço para 109,90 para acionar os stops e, em seguida, rapidamente reverter o preço de volta acima dos 110,00. Os comerciantes de TIC que anteciparam a caça ao stop podem ter entrado numa posição longa em 109,90, lucrando com a inversão.

2.4 Vazios de liquidez: Lacunas na ação dos preços

Um **vazio de liquidez** ocorre quando o preço se move tão rapidamente que deixa uma lacuna no mercado onde ocorreu pouca ou nenhuma atividade de negociação. Este fenómeno acontece normalmente durante períodos de extrema volatilidade ou quando os investidores institucionais entram agressivamente no mercado. É importante reconhecer os vazios de liquidez porque o preço regressa frequentemente para preencher estes vazios numa altura posterior.

Como se formam os vazios de liquidez

Os vazios de liquidez formam-se quando o mercado é sobrecarregado por um súbito afluxo de ordens de compra ou venda, normalmente de grandes instituições. Isto cria um desequilíbrio entre a oferta e a procura, fazendo com que o preço se mova rapidamente numa direção. Como resultado, o preço deixa para trás áreas onde houve pouca ou nenhuma atividade de negociação. Estas lacunas, ou vazios, funcionam como ímanes para futuras acções de preços, uma vez que o mercado procura regressar a áreas onde a liquidez estava anteriormente ausente.

Porque é que os vazios de liquidez são importantes

Compreender os vazios de liquidez permite aos investidores antecipar para onde o preço irá provavelmente a seguir. Quando um vazio se forma, cria um vácuo no mercado que será frequentemente preenchido pelo movimento de preços subsequente. Isto faz com que os vazios de liquidez sejam áreas valiosas para serem alvo de pontos de entrada e saída nas suas transacções.

Estratégias para negociar vazios de liquidez

Existem várias formas de negociar vazios de liquidez:

- **Pontos de entrada**: Os investidores podem utilizar os vazios de liquidez como áreas para entrar no mercado. Por exemplo, se se formar um vazio de liquidez durante uma tendência de subida, o investidor pode esperar que o preço recue para o vazio antes de entrar numa posição longa.
- **Objectivos**: Os vazios de liquidez também servem como alvos lógicos para as transacções existentes. Se o mercado tiver deixado para trás um vazio de liquidez abaixo do preço atual, os operadores de TIC podem visar esse vazio como uma área onde é provável que o preço regresse.

Exemplo:

Imagine que o S&P 500 sobe de 4500 para 4550 em poucos minutos, deixando um vazio de liquidez entre 4525 e 4530. Um investidor que utilize a metodologia ICT pode esperar que o preço volte a entrar neste vazio antes de entrar numa posição longa, esperando que o mercado preencha o vazio antes de continuar a sua tendência ascendente.

2.5 Zonas de liquidez institucional (ILZ)

Uma **Zona de Liquidez Institucional (ILZ)** é uma área de preços onde as instituições colocaram grandes ordens de compra ou venda, criando níveis significativos de suporte ou resistência. É importante monitorizar estas zonas porque as instituições regressam frequentemente a estes níveis para preencher ordens adicionais.

Caraterísticas das zonas de liquidez institucional

As ILZs formam-se frequentemente após períodos de consolidação ou durante as principais inversões do mercado. Caracterizam-se pelas seguintes caraterísticas:

- **Volume elevado**: As ILZ são frequentemente acompanhadas de picos no volume de transacções, o que indica um envolvimento institucional.
- **Blocos de ordens**: Como discutido no Capítulo 1, os blocos de ordens são zonas onde as instituições executaram grandes transacções. Estes blocos sobrepõem-se frequentemente às ILZs.
- **Testes repetidos dos níveis de preços**: O preço regressa frequentemente para testar os ILZs, à medida que as instituições tentam preencher quaisquer ordens restantes não executadas.

Como identificar ILZs

As ILZs são mais frequentemente encontradas perto dos principais níveis de suporte ou resistência, áreas de consolidação ou altos e baixos significativos. Também podem ser identificadas através da utilização da análise de volume, uma vez que as instituições executam normalmente grandes ordens nestas zonas.

A negociação em torno de ILZs pode fornecer configurações de alta probabilidade:

- **Comprar em ILZs de apoio**: Quando o preço revisita uma ILZ que actuou como apoio anterior, os investidores podem procurar comprar, esperando que as instituições defendam a zona.
- **Vender em ILZs de resistência**: Da mesma forma, quando o preço se aproxima de uma ILZ que actuou como resistência, os investidores podem procurar vender, antecipando que a pressão de venda institucional irá limitar o preço.

Exemplo:

Suponhamos que o preço do crude tem estado a consolidar-se entre $65 e $67 durante vários dias. Após uma quebra acentuada para $70, forma-se uma ILZ ao nível dos $67. Um investidor que siga a estratégia ICT pode esperar que o preço regresse a esta ILZ antes de entrar numa posição longa, esperando que o preço continue a sua tendência ascendente depois de voltar a testar a zona.

Conclusão

O Capítulo 2 expandiu a compreensão da **liquidez** e do seu papel crítico no movimento dos preços. Ao dominarem os conceitos de pools de liquidez, stop hunts, vazios de liquidez e Zonas de Liquidez Institucional (ILZs), os investidores podem posicionar-se para negociar ao lado de intervenientes institucionais em vez de se tornarem vítimas das suas tácticas.

O enfoque na liquidez na metodologia TIC é essencial porque destaca a forma como as instituições manipulam o preço para aceder à liquidez e executar grandes transacções. Munido deste conhecimento, pode evitar as armadilhas criadas para os pequenos investidores e melhorar o seu sucesso comercial.

Este capítulo alargado sobre liquidez fornece uma base sólida para compreender a mecânica subjacente à ação do preço. Nos capítulos seguintes, iremos explorar estratégias de TIC mais avançadas e como pode aplicá-las eficazmente nas suas decisões de negociação diárias.

Capítulo 3: Ação de preço institucional

3.1 Compreender a ação do preço institucional

A ação dos preços institucionais refere-se aos movimentos de preços influenciados principalmente pelas actividades dos operadores institucionais. Estas entidades, incluindo bancos, fundos de retorno absoluto e grandes gestores de activos, executam transacções em grandes volumes, tendo um impacto significativo na dinâmica do mercado. Ao contrário dos investidores de retalho, que muitas vezes tomam decisões com base em reacções emocionais ou análises de curto prazo, os investidores institucionais utilizam uma abordagem sistemática baseada em investigação exaustiva, análise de mercado e planeamento estratégico.

Principais caraterísticas da ação de preço institucional:

- **Volume:** As transacções institucionais envolvem volumes substanciais, resultando frequentemente em movimentos de preços acentuados. A observação das alterações de volume pode fornecer informações sobre potenciais inversões ou continuações nas tendências de preços.
- **Sentimento do mercado:** Os investidores institucionais ditam frequentemente o sentimento do mercado, com as suas acções de compra ou venda a criarem ondas de reação entre os investidores de retalho.
- **Liquidez:** A ação dos preços institucionais está intimamente ligada à liquidez nos mercados. Compreender onde se encontra a liquidez - nos principais níveis de suporte e resistência - pode ajudar os investidores a antecipar os movimentos de preços.

3.2 O papel do fluxo de ordens na ação dos preços

O fluxo de ordens refere-se à atividade de compra e venda no mercado, fornecendo informações cruciais sobre o sentimento e a direção do mercado. Ao analisar o fluxo de ordens, os investidores podem obter informações sobre as intenções dos actores institucionais e tomar decisões de negociação mais informadas.

Principais componentes do fluxo de pedidos:

- **Ordens de compra e venda:** O equilíbrio entre as ordens de compra e venda num determinado momento pode indicar a direção do mercado. Um maior volume de ordens de compra a um nível de preço específico pode sinalizar um sentimento de alta.
- **Profundidade do mercado:** Compreender a profundidade do mercado - quantas ordens são colocadas em diferentes níveis de preços - pode fornecer informações sobre potenciais áreas de suporte e resistência.
- **Dinâmica do livro de ordens:** A análise do livro de ordens pode revelar onde as instituições estão a colocar as suas ordens, oferecendo pistas críticas sobre potenciais movimentos de preços.

3.3 Pools de liquidez e a sua importância

Os pools de liquidez referem-se a áreas do mercado onde se concentra um grande número de ordens de compra ou venda. Estes pools são essenciais para estratégias de negociação institucionais, uma vez que proporcionam a liquidez necessária para executar grandes transacções sem afetar significativamente o preço de mercado.

Identificação de pools de liquidez:

- **Níveis-chave:** Os investidores podem identificar pools de liquidez em níveis significativos de suporte e resistência, máximos e mínimos anteriores e níveis de preços psicológicos (como números redondos).
- **Zonas de Acumulação e Distribuição:** Estas zonas são caracterizadas por períodos de consolidação antes de um movimento de preços significativo. O reconhecimento destas zonas pode ajudar os investidores a antecipar potenciais rupturas ou inversões.

3.4 Mudanças na estrutura do mercado (MSS) e quebra de estrutura (BoS)

As Mudanças na Estrutura do Mercado (MSS) ocorrem quando o preço quebra uma oscilação significativa de alta ou baixa, indicando uma potencial mudança na tendência. O reconhecimento destas mudanças pode ajudar os investidores a identificar novas oportunidades e a ajustar as suas estratégias em conformidade.

Componentes da estrutura do mercado:

- **Swing Highs e Lows:** Identificar os altos e baixos de oscilação ajuda os investidores a definir a tendência atual e os potenciais pontos de inversão.
- **Quebra de estrutura (BoS):** Uma BoS ocorre quando o preço quebra acima de um swing high (indicando uma potencial tendência de alta) ou abaixo de um swing low (indicando uma potencial tendência de baixa). Os investidores podem utilizar estes sinais para entrar em posições alinhadas com a nova tendência.

3.5 Utilizar a estrutura do mercado para negociar com a tendência

A negociação de tendências é uma estratégia fundamental que permite aos investidores capitalizar na direção predominante do mercado. Ao compreender a estrutura do mercado, os investidores podem alinhar as suas transacções com a tendência mais ampla, aumentando a probabilidade de sucesso.

Estratégias para negociar com a tendência:

- **Identificar a direção da tendência:** A utilização de ferramentas como as médias móveis e as linhas de tendência pode ajudar a determinar a direção geral do mercado.
- **Entradas de Negociação:** Entrar em negociações na direção da tendência após um recuo para níveis chave pode aumentar a probabilidade de negociações bem sucedidas.
- **Gerir as transacções:** A utilização de trailing stops para bloquear os lucros enquanto permite um potencial movimento adicional na tendência pode ser eficaz.

3.6 Combinação dos conceitos de estrutura de mercado e de liquidez

As transacções mais poderosas ocorrem quando a estrutura do mercado se alinha com os conceitos de liquidez. Ao reconhecer os níveis-chave onde é provável que as instituições entrem no mercado, os investidores podem posicionar-se para lucrar com os movimentos institucionais.

Conceitos-chave:

- **Zonas de Confluência:** A identificação de áreas onde os pools de liquidez se cruzam com a estrutura do mercado (como níveis de suporte/resistência) cria fortes zonas de confluência para potenciais transacções.
- **Estratégias de entrada:** A execução de transacções em zonas de confluência aumenta as hipóteses de entradas bem sucedidas, uma vez que estas áreas atraem frequentemente a atividade institucional.

3.7 Aplicações no mundo real da ação institucional do preço

Compreender a ação do preço institucional é crucial para os investidores que procuram melhorar as suas estratégias de negociação. Esta secção fornecerá exemplos práticos de como a ação do preço institucional pode ser aplicada em cenários do mundo real.

Estudos de caso:

- **Exemplo do mercado Forex:** A análise de um par de moedas durante os comunicados de imprensa de grande impacto pode ilustrar como a ação do preço institucional cria oportunidades para os comerciantes de retalho.
- **Exemplo do mercado de acções:** A análise da ação do preço de uma ação específica após os relatórios de ganhos pode realçar a influência das transacções institucionais nos movimentos de preços.

3.8 Ferramentas e indicadores para analisar a ação do preço

Para analisar eficazmente a ação dos preços institucionais, os comerciantes podem utilizar várias ferramentas e indicadores que fornecem informações sobre a dinâmica do mercado.

Ferramentas e indicadores populares:

- **Perfil de volume:** Um gráfico de perfil de volume apresenta o volume transaccionado em vários níveis de preços, permitindo aos investidores identificar níveis de preços significativos.
- **Perfil do mercado:** O perfil de mercado fornece uma representação visual da distribuição de preços ao longo do tempo, ajudando os comerciantes a compreender onde se encontra o interesse institucional.
- **Indicadores de fluxo de ordens:** Ferramentas como gráficos de pegada e indicadores delta podem fornecer informações sobre a pressão de compra e venda, informando ainda mais as decisões de negociação.

3.9 Gestão de riscos na negociação institucional

Uma negociação bem sucedida requer estratégias de gestão de risco eficazes, especialmente quando se trata de ação de preço institucional. Esta secção abordará os princípios-chave da gestão de risco adaptados à negociação institucional.

Estratégias essenciais de gestão de riscos:

- **Dimensionamento da posição:** O cálculo do tamanho adequado da posição com base no tamanho da conta, tolerância ao risco e colocação de stop-loss ajuda a reduzir as perdas.
- **Definir ordens de paragem de perda:** A colocação de ordens de paragem de perda logo a seguir a níveis significativos de suporte ou resistência pode proteger o capital, permitindo ao mesmo tempo as flutuações do mercado.
- **Diversificação:** A diversificação em vários activos pode reduzir o risco e melhorar o desempenho global da carteira.

3.10 Conclusão: Dominar a ação do preço institucional

Dominar a ação dos preços institucionais é essencial para os investidores de retalho que procuram alinhar as suas estratégias com os movimentos do smart money. Ao compreender a dinâmica do fluxo de ordens, a liquidez, a estrutura do mercado e a gestão do risco, os investidores podem melhorar as suas hipóteses de sucesso nos mercados.

Este capítulo serve de base para discussões futuras, onde iremos aprofundar as especificidades das estratégias de negociação, ferramentas e aspectos psicológicos que influenciam o desempenho da negociação. À medida que os investidores continuarem a explorar a ação institucional dos preços, ganharão a confiança e as competências necessárias para navegar eficazmente nas complexidades dos mercados financeiros.

<u>**Capítulo 4: Teoria do tempo e dos preços nas TIC**</u>

4.1 Compreender a teoria do tempo e dos preços das TIC

A Teoria do Tempo e do Preço é um conceito central da metodologia Inner Circle Trader (ICT), destacando a relação intrínseca entre o timing e os movimentos de preços nos mercados financeiros. Esta teoria sublinha a importância de intervalos de tempo específicos durante o dia de negociação que são frequentemente mais propícios à volatilidade e liquidez, influenciados principalmente pela atividade de negociação institucional.

Principais componentes da teoria do tempo e dos preços:

- **Ciclos de mercado:** Os mercados financeiros funcionam em ciclos previsíveis que reflectem as tendências económicas, o comportamento dos investidores e as estratégias institucionais. O reconhecimento destes ciclos permite aos investidores antecipar os movimentos de preços e ajustar as suas estratégias em conformidade.
- **Quadros de tempo:** Diferentes períodos de tempo - desde minutos a dias - revelam perspectivas únicas sobre a ação dos preços. Os períodos de tempo mais elevados (como o diário ou o semanal) fornecem informações sobre a tendência global, enquanto os períodos de tempo mais baixos (como os de 5 ou 15 minutos) oferecem pontos de entrada e saída precisos.

4.2 Principais Sessões de Negociação: Abertura de Londres, Abertura de Nova Iorque e Gama Ásia

Compreender as caraterísticas distintas de cada sessão de negociação principal permite que os investidores optimizem as suas estratégias para obter a máxima rentabilidade.

4.2.1 O Open de Londres

A sessão de Londres é um dos períodos mais activos no mercado forex, começando às 8:00 AM GMT. É conhecida pela sua elevada volatilidade e liquidez.

- **Caraterísticas:**
    - ◦ **Aumento do Volume:** A abertura da sessão de Londres regista um aumento do volume de negociação, com os comerciantes europeus a reagirem aos desenvolvimentos do mercado durante a noite.
    - ◦ **Movimentos de preços:** Esta sessão assiste frequentemente a movimentos acentuados de preços, impulsionados por comunicados económicos e notícias da Europa.
- **Estratégias de negociação:**
    - ◦ **Negociação de Breakout:** Os comerciantes muitas vezes procuram oportunidades de fuga a partir do apoio chave ou níveis de resistência estabelecidos durante a sessão asiática.
    - ◦ **Entradas de retração:** Após um movimento significativo de preços, os investidores podem esperar por um retrocesso para um nível de Fibonacci ou outra área chave para entrar em negociações na direção da tendência.

4.2.2 O Open de Nova Iorque

A sessão de Nova Iorque tem início às 13:00 GMT e é crucial para os investidores, uma vez que conduz frequentemente a uma continuação ou inversão significativa das tendências estabelecidas na sessão de Londres.

- **Caraterísticas:**
    - ◦ **Volatilidade dos Dados Económicos:** O calendário económico dos E.U.A. está frequentemente repleto de lançamentos de dados de alto impacto que podem causar rápidas mudanças de preços.
    - ◦ **Sobreposição com a sessão de Londres:** A sessão de Nova Iorque sobrepõe-se ao fecho da sessão de Londres, amplificando a volatilidade à medida que os investidores se posicionam antes das mudanças no mercado.
- **Estratégias de negociação:**
    - ◦ **Negociações de Continuação:** Após um forte movimento durante a sessão de Londres, os comerciantes podem procurar confirmação

para entrar em negociações de continuação que se alinham com a tendência predominante.

- o **Reação a Comunicados de Notícias:** Os comerciantes também podem capitalizar a volatilidade causada pelos principais comunicados de imprensa, procurando entradas rápidas com base na ação do preço.

4.2.3 A gama Ásia

A sessão asiática, normalmente das 12:00 às 7:00 GMT, é caracterizada por uma menor volatilidade em comparação com as sessões de Londres e Nova Iorque. No entanto, estabelece as bases para potenciais movimentos de preços nas sessões seguintes.

- **Caraterísticas:**
  - o **Padrões de consolidação:** Os preços consolidam-se frequentemente dentro de intervalos apertados, o que faz com que seja a altura ideal para a acumulação ou distribuição por parte de agentes institucionais.
  - o **Volume mais baixo:** Um volume de negociação reduzido pode resultar em movimentos de preços mais lentos, mas também significa que as quebras de gama podem levar a movimentos significativos.
- **Estratégias de negociação:**
  - o **Negociação na faixa:** Os comerciantes podem tirar proveito da consolidação de preços, colocando ordens de compra perto do suporte e ordens de venda perto da resistência.
  - o **Antecipação de breakout:** A preparação para transacções de breakout quando a sessão de Londres abre permite aos investidores capturar potenciais grandes movimentos resultantes da acumulação na sessão asiática.

4.3 Entradas de comércio óptimas (OTE)

As Entradas de Negociação Óptimas (OTE) são pontos específicos na ação do preço que indicam entradas de negociação com maior probabilidade. O reconhecimento de OTEs envolve a análise da interação entre as retracções de preços e a estrutura do mercado.

Identificação de OTEs:

- **Retracções:** As OTEs ocorrem frequentemente após um retrocesso de preços para níveis significativos de suporte ou resistência, onde os operadores institucionais são susceptíveis de colocar ordens.
- **Níveis de Fibonacci:** A retração de Fibonacci e os níveis de extensão fornecem áreas críticas onde o preço pode inverter, oferecendo pontos de entrada ideais.

Estratégias para a execução de OTEs:

- **Sinais de confirmação:** A utilização de indicadores técnicos adicionais, como RSI, MACD ou padrões de velas, pode fornecer confirmação para entradas, aumentando a probabilidade de negociações bem-sucedidas.
- **Análise Multi-Timeframe:** A análise de OTEs em vários períodos de tempo (por exemplo, diariamente para contexto, por hora para execução) permite que os investidores alinhem as suas entradas com as tendências mais amplas do mercado.

4.4 Ação do preço em momentos chave: Zonas de morte das TIC

As Kill Zones do ICT são períodos de tempo específicos durante o dia de negociação em que a ação do preço é mais previsível, muitas vezes impulsionada pela atividade institucional. Estes períodos são cruciais para os investidores que procuram capitalizar a volatilidade do mercado.

Zonas de morte chave:

- **Zona de Baixa de Londres (8:00 AM - 10:00 AM GMT):** Conhecida pela sua elevada volatilidade, os comerciantes devem estar atentos a movimentos de preços significativos, uma vez que os comerciantes europeus reagem aos lançamentos económicos.
- **Zona de Baixa de Nova Iorque (1:00 PM - 3:00 PM GMT):** Este período é caracterizado por fortes reações do mercado aos lançamentos de dados económicos dos E.U.A., proporcionando amplas oportunidades de lucro.

Utilização de zonas de morte:

- **Timing estratégico para entradas:** Os investidores podem posicionar-se para entrar nas transacções imediatamente antes ou durante estas Kill Zones, aumentando as suas hipóteses de beneficiar da atividade institucional.
- **Monitorização do calendário económico:** Acompanhar os eventos económicos programados durante as Kill Zones ajuda a antecipar a volatilidade e a aperfeiçoar as estratégias de negociação.

4.5 A estratégia de alcance asiático das TIC

A estratégia de intervalo asiático centra-se na ação dos preços durante a sessão de negociação asiática, identificando oportunidades que podem surgir à medida que o mercado transita para sessões mais activas.

Identificar a gama asiática:

- **Consolidação de Preços:** Os comerciantes devem procurar por faixas de preços apertadas que indicam acumulação ou distribuição durante esta sessão.
- **Estabelecendo Níveis Chave:** Os máximos e mínimos estabelecidos durante a sessão asiática servem como pontos de referência para potenciais fugas.

Negociar a gama asiática:

- **Estratégias de Breakout:** Os comerciantes podem definir ordens pendentes logo acima da resistência e abaixo do apoio estabelecido durante a sessão asiática, antecipando a volatilidade com o início da sessão de Londres.
- **Gestão de risco:** A utilização de ordens stop-loss apertadas mesmo fora do intervalo garante que os investidores protegem o seu capital enquanto permitem potenciais movimentos de preços.

4.6 Exemplo da teoria do tempo e do preço em ação

Esta secção fornecerá exemplos práticos de como aplicar a Teoria do Tempo e do Preço em cenários de negociação do mundo real, ilustrando estratégias e resultados bem sucedidos.

Exemplo 1: Negociação aberta em Londres

Imagine que um trader observa uma tendência de alta durante a sessão de Londres, na sequência de um relatório económico positivo. O preço recua para um nível de Fibonacci e estabelece apoio.

- **Análise:** O trader procura padrões de velas de alta no nível de retração de Fibonacci e espera por um sinal de confirmação dos indicadores de volume.
- **Resultado:** O trader entra numa posição longa, levando a lucros significativos à medida que o preço continua a subir durante a sessão.

Exemplo 2: Negociar a gama asiática

Um trader identifica um intervalo apertado durante a sessão asiática, com máximos claros a 110,00 e mínimos a 109,50. Antecipando uma quebra, o trader define ordens de entrada acima de 110,00 e abaixo de 109,50.

- **Análise:** O trader também observa um próximo relatório económico agendado durante a sessão de Londres, que poderá aumentar a volatilidade.

- **Resultado:** O preço ultrapassa os 110,00 na abertura de Londres, accionando a ordem e conduzindo a uma transação lucrativa à medida que a dinâmica continua a subir.

4.7 Técnicas avançadas na teoria do tempo e dos preços

Para além dos conceitos fundamentais, as técnicas avançadas podem aperfeiçoar ainda mais a compreensão e a aplicação da Teoria do Tempo e dos Preços por parte de um trader.

4.7.1 Clusters de tempo

Os grupos de tempo referem-se a intervalos de tempo específicos em que a ação do preço tende a comportar-se de forma previsível. Ao identificar estes grupos, os investidores podem posicionar-se de forma mais eficaz.

- **Identificar clusters:** Os dados históricos de preços podem revelar padrões de comportamento de preços em determinados momentos, ajudando os investidores a identificar janelas de negociação de alta probabilidade.
- **Exemplo de aplicação:** Um investidor pode notar que o preço tende a voltar a um determinado nível pouco depois da abertura de Nova Iorque, o que lhe permite planear as entradas em conformidade.

4.7.2 O papel do sentimento do mercado

Compreender o sentimento do mercado durante as diferentes alturas do dia pode melhorar as estratégias de negociação. O sentimento do mercado reflecte a atitude geral dos investidores em relação a um determinado título ou mercado.

- **Ferramentas de análise de sentimento:** A utilização de indicadores de sentimento e a análise de notícias podem fornecer informações sobre potenciais movimentos do mercado.
- **Incorporar o sentimento na negociação:** Os investidores devem considerar o sentimento prevalecente no mercado ao analisar os prazos e a

ação do preço, ajustando as suas estratégias para se alinharem com a psicologia colectiva do investidor.

4.8 Ferramentas e indicadores para analisar o tempo e a dinâmica dos preços

A análise efectiva do tempo e da dinâmica dos preços pode ser apoiada por várias ferramentas e indicadores concebidos para fornecer uma visão mais profunda do comportamento do mercado.

4.8.1 Perfil do volume

Os gráficos de perfil de volume apresentam o volume de transacções em vários níveis de preços, fornecendo uma representação visual de onde ocorre uma atividade de negociação significativa.

- **Aplicação:** Os comerciantes podem identificar áreas de elevado volume como potencial suporte ou resistência, ajudando na tomada de decisões para entradas e saídas de transacções.

4.8.2 Indicadores baseados no tempo

Os indicadores baseados no tempo, como os pontos de pivô ou as médias móveis, podem ajudar a identificar potenciais pontos de viragem no mercado.

- **Exemplo:** A utilização de pontos de pivô diários pode ajudar os investidores a determinar potenciais níveis de suporte e resistência, alinhando as suas transacções com a Teoria do Tempo e do Preço.

4.9 Gestão do risco no contexto do tempo e do preço

A gestão eficaz do risco é fundamental, particularmente quando se utiliza a Teoria do Tempo e do Preço. Os investidores devem implementar estratégias para proteger o seu capital e minimizar as perdas.

4.9.1 Dimensionamento da posição

O cálculo de tamanhos de posição apropriados com base no risco da conta e na expetativa de transação garante que os investidores não estão demasiado expostos a uma única transação.

- **Estratégia:** A utilização de uma percentagem fixa da conta de negociação para cada transação permite uma gestão controlada do risco, tirando partido de condições favoráveis de tempo e preço.

4.9.2 Estratégias de paragem de perda

A implementação de níveis estratégicos de stop-loss baseados na estrutura do mercado e na ação dos preços proporciona uma proteção adicional contra movimentos inesperados do mercado.

- **Paragens dinâmicas:** Ajustar os níveis de paragem de perda com base na ação do preço em tempo real pode ajudar a bloquear os lucros, ao mesmo tempo que permite potenciais flutuações de preços.

4.10 Conclusão: Integrando a teoria do tempo e do preço na sua estratégia de negociação

A incorporação da Teoria do Tempo e do Preço nas estratégias de negociação equipa os investidores com uma estrutura abrangente para compreender o comportamento do mercado e tomar decisões informadas. Reconhecendo o significado das sessões de negociação, identificando as melhores entradas de negociação e utilizando os conceitos de Kill Zones, os investidores podem aumentar a sua eficácia e alinhar as suas estratégias com a atividade institucional.

À medida que os investidores continuarem a explorar estes conceitos e técnicas avançados, obterão conhecimentos mais profundos sobre a interação do tempo e do preço, preparando o terreno para uma negociação bem sucedida no panorama financeiro em evolução.

<u>**Capítulo 5: Manipulação do mercado e caça ao prémio**</u>

5.1 Compreender a manipulação do mercado

A manipulação do mercado é a tentativa deliberada de interferir com as forças naturais da oferta e da procura no mercado. Frequentemente, conduz a distorções de preços que podem afetar negativamente os operadores incautos, em especial os pequenos operadores que não dispõem de recursos para combater tais tácticas.

Tipos de Manipulação de Mercado

1. **Bombear e despejar**
   - **Descrição:** Esta tática consiste em inflacionar o preço de um ativo através de afirmações enganosas ou exageradas, atraindo investidores insuspeitos que compram o ativo, apenas para que os manipuladores vendam as suas posições ao preço inflacionado, deixando os outros com perdas.
   - **Exemplo:** Uma ação é fortemente promovida nas plataformas de redes sociais, resultando num aumento de preço. Quando os preços atingem o pico, os promotores vendem as suas acções, fazendo com que o preço caia a pique.
2. **Falsificação**
   - **Descrição:** Os operadores colocam grandes ordens sem intenção de as completar, criando uma falsa impressão de oferta ou procura no mercado. Estas ordens são frequentemente canceladas antes de serem executadas.
   - **Exemplo:** Um operador coloca uma grande ordem de venda, criando a impressão de uma forte pressão de venda. Outros operadores reagem, empurrando o preço para baixo, após o que o spoofer cancela a ordem e compra ao preço mais baixo.
3. **Caça ao stop-loss**
   - **Descrição:** Isto envolve conduzir o preço para níveis pré-determinados onde as ordens stop-loss são susceptíveis de serem

agrupadas, accionando-as e criando uma cascata de venda ou compra.

- o **Exemplo:** Se muitos investidores tiverem ordens de paragem de perda definidas logo abaixo de um nível de suporte, uma instituição pode empurrar o preço abaixo deste nível para acionar essas paragens, causando uma venda e permitindo-lhes comprar a um preço mais baixo.

5.2 O papel dos operadores institucionais

Os operadores institucionais, como os fundos de retorno absoluto e os bancos, desempenham um papel significativo na manipulação do mercado devido às suas grandes reservas de capital e à sua capacidade de influenciar os movimentos de preços.

Estratégias utilizadas pelas instituições

- **Acumulação e distribuição**
  - o **Definição:** As instituições podem acumular discretamente posições ao longo do tempo e depois distribuí-las quando os preços estão altos. Isto envolve frequentemente movimentos orquestrados para eliminar as posições mais fracas dos retalhistas.
  - o **Exemplo:** Uma instituição pode vender uma grande parte das suas participações depois de criar a ilusão de um mercado em alta, obtendo efetivamente lucros à custa dos pequenos investidores que compraram a preços mais elevados.
- **Procura de liquidez**
  - o **Definição:** As instituições procuram muitas vezes liquidez a níveis chave, que é criada quando induzem ordens stop-loss. Esta estratégia ajuda-as a entrar ou sair de grandes posições sem derrapagens significativas.

- o **Exemplo:** Ao empurrar o preço para baixo através do suporte, criam uma pressão de venda que atrai liquidez, permitindo-lhes comprar de volta as suas posições a preços mais favoráveis.

5.3 A psicologia por detrás das caçadas de paragem

Compreender a psicologia do investidor é crucial para reconhecer quando estão a ocorrer "stop hunts". Muitos comerciantes de retalho agem com base no medo, na ganância e na mentalidade de rebanho, o que pode ser previsível.

Comportamentos comuns dos comerciantes

- **Medo e ganância:** Os investidores tomam frequentemente decisões com base em reacções emocionais aos movimentos do mercado. Uma queda súbita do preço pode induzir uma venda em pânico, enquanto uma subida acentuada pode levar a uma compra excessivamente zelosa.
- **Viés de confirmação:** Os investidores tendem a procurar informações que confirmem as suas crenças existentes, ignorando frequentemente os sinais que indicam uma manipulação de preços ou uma inversão de tendência até ser demasiado tarde.

5.4 Identificar a manipulação do mercado

O reconhecimento da manipulação do mercado implica a procura de padrões, sinais e indicadores específicos.

Indicadores-chave de manipulação

1. **Picos de volume invulgares**
   - o **Observação:** Um aumento súbito do volume de transacções sem notícias correspondentes pode indicar manipulação. Isto pode criar a ilusão de interesse num ativo que pode não se justificar.
   - o **Análise:** Os comerciantes de retalho devem comparar as tendências de volume com as médias históricas para avaliar se um aumento é típico ou indicativo de manipulação.

2. **Movimentos rápidos de preços**
   - o **Observação:** As oscilações súbitas de preços que não se alinham com os fundamentos do mercado podem ser um sinal de manipulação.
   - o **Análise:** A monitorização de grandes alterações de preços seguidas de correcções imediatas pode ajudar os investidores a identificarem potenciais "stop hunts".

Exemplo de manipulação

Imagine um par de moedas que tem estado a ser negociado num intervalo apertado. Um súbito pico de volume, juntamente com uma queda de preço abaixo dos níveis de suporte estabelecidos, pode indicar que as instituições estão a visar ordens de paragem de perda colocadas por comerciantes de retalho.

5.5 Compreender a caça às paragens

Os "stop hunts" são concebidos para forçar os operadores a assumir posições desfavoráveis, permitindo às instituições explorar a liquidez resultante.

Mecânica das caças de paragem

- **Acionamento de paragens:** Quando o preço se aproxima de níveis de suporte ou resistência conhecidos, as instituições podem empurrar o preço para além destes níveis para acionar ordens de paragem de perda.
- **Efeito cascata:** Uma vez acionados os stops, a pressão de venda (ou de compra) aumenta, levando a um maior movimento de preços que beneficia a instituição.

5.6 Identificar Stop Hunts na Ação de Preço

Reconhecer a caça às paragens pode proporcionar aos investidores uma vantagem tática.

Padrões indicativos de caça à paragem

1. **Mechas em gráficos de velas**
    o   **Observação:** Longas mechas ou caudas em padrões de velas muitas vezes indicam que o preço atingiu brevemente um nível para desencadear paradas antes de inverter a direção.
    o   **Análise:** Os comerciantes devem prestar atenção aos padrões de velas que mostram reversão após a formação de um pavio significativo.
2. **Níveis de suporte e resistência**
    o   **Observação:** Os níveis-chave são os principais alvos para a caça de paragens, onde muitos operadores colocam ordens de paragem de perda logo abaixo do suporte ou acima da resistência.
    o   **Análise:** A monitorização destes níveis pode fornecer informações sobre potenciais cenários de paragem de caça.

Cenário de exemplo

Considere um par de moedas que se aproxima de um nível de suporte significativo em 1,2000. O preço cai abaixo deste nível, accionando numerosas ordens de paragem de perda. Após a queda inicial, o preço recupera rapidamente, indicando uma ordem de paragem.

5.7 Estratégias de negociação para evitar a manipulação

A implementação de estratégias eficazes pode ajudar os comerciantes a atenuar os riscos associados à manipulação do mercado.

5.7.1 Utilizar Stop Losses mais alargados

*   **Colocar paragens para além dos níveis chave:** Ao colocar ordens de paragem de perda ligeiramente abaixo do suporte ou acima da resistência, os investidores podem reduzir a probabilidade de serem impedidos de sair devido a movimentos de preços manipuladores típicos.

- **Utilizar o ATR (Average True Range):** Este método ajusta os níveis de paragem de perda com base na volatilidade do mercado, permitindo aos investidores definir paragens que reflictam as condições actuais do mercado.

5.7.2 Identificar as pegadas institucionais

- **Análise de Volume:** Os investidores devem observar os picos de volume e a ação do preço para identificar potenciais padrões de acumulação ou distribuição.
- **Análise do livro de ordens:** A compreensão do livro de ordens fornece informações sobre grandes ordens que podem influenciar os movimentos de preços.

5.7.3 Evitar o excesso de alavancagem

- **Gestão adequada do risco:** A utilização de alavancagem e de tamanhos de posição adequados pode proteger contra perdas significativas durante a manipulação do mercado.
- **Diversificação:** A utilização de uma estratégia de negociação diversificada reduz o risco associado a potenciais manipulações em mercados específicos.

5.8 Resiliência psicológica no comércio

O desenvolvimento da resiliência psicológica ajuda os comerciantes a manter uma mentalidade clara quando confrontados com a manipulação do mercado.

Formação de mentalidade

- **Práticas de atenção plena:** O recurso a técnicas de atenção plena pode melhorar a regulação emocional e a concentração durante condições comerciais voláteis.

- **Reforço positivo:** A definição de objectivos de negociação realistas e a celebração de pequenos sucessos podem aumentar a confiança e reduzir o impacto das reacções emocionais à manipulação.

Disciplina na negociação

- **Planos de negociação pré-definidos:** Cumprir um plano de negociação bem estruturado ajuda a minimizar as decisões impulsivas em resposta à manipulação do mercado.
- **Rever as transacções:** A análise regular do desempenho das transacções permite que os investidores aprendam com as experiências passadas, reforçando a disciplina e a resistência.

5.9 Casos de estudo de manipulação do mercado e de "stop hunts

O estudo de exemplos reais de manipulação do mercado e de "caça ao stop" oferece informações valiosas.

Estudo de caso 1: O Flash Crash de 2010

- **Panorama geral:** Em 6 de maio de 2010, os mercados bolsistas dos EUA sofreram uma queda súbita, fazendo com que os principais índices caíssem quase 10% antes de recuperarem rapidamente.
- **Análise:** Uma investigação revelou que uma grande ordem de venda desencadeou uma venda de pânico e a subsequente ativação de stop-loss, desestabilizando o mercado.

Estudo de caso 2: O escândalo da manipulação do mercado cambial

- **Síntese:** Em 2013, vários bancos importantes foram acusados de manipular o mercado cambial, conspirando para influenciar os preços da moeda com fins lucrativos.
- **Análise:** Os comerciantes perderam montantes substanciais devido à manipulação, que envolveu esforços coordenados para afetar os valores das moedas.

5.10 Conclusão: Navegar na Manipulação do Mercado e Stop Hunts

Compreender a dinâmica da manipulação do mercado e da caça aos stops é essencial para os investidores que procuram ter sucesso nos mercados financeiros. Ao reconhecer estratégias institucionais, identificar sinais de manipulação e implementar estratégias de negociação robustas, os investidores podem proteger o seu capital e navegar nas complexidades do mercado de forma mais eficaz.

À medida que os comerciantes continuam a aprofundar a sua compreensão destes conceitos e a aperfeiçoar a sua resiliência psicológica, estarão mais bem preparados para enfrentar os desafios colocados pela manipulação do mercado e aumentar o seu sucesso comercial.

5.11 Conclusão

No mundo dinâmico da negociação, compreender a manipulação do mercado e a caça ao stop é fundamental para os operadores que pretendem navegar nas complexidades do panorama financeiro. Este capítulo abordou as várias formas de manipulação do mercado - destacando tácticas como os esquemas de pump and dump, spoofing e stop-loss hunting - demonstrando como estas estratégias são frequentemente utilizadas por agentes institucionais para influenciar os preços de mercado e criar condições de negociação vantajosas para si próprios.

O papel dos operadores institucionais não pode ser sobrestimado. O seu capital e recursos significativos permitem-lhes criar movimentos de preços que podem induzir em erro os pequenos investidores, desencadeando frequentemente ordens de paragem de perda e levando a consequências indesejadas para aqueles que desconhecem estas práticas. Ao reconhecerem os fundamentos psicológicos do comportamento dos investidores, como o medo e a ganância, os investidores podem antecipar e reagir melhor a potenciais manipulações.

Os principais indicadores de manipulação, tais como picos de volume invulgares e movimentos rápidos de preços, servem como ferramentas cruciais para os negociadores que procuram identificar potenciais "stop hunts". Ao aperfeiçoar as suas capacidades de reconhecimento destes padrões, os investidores podem tomar decisões mais informadas e proteger o seu capital dos efeitos adversos da manipulação.

A implementação de estratégias eficazes para evitar ser vítima de manipulação é essencial. A utilização de colocações de stop-loss mais alargadas, a identificação de pegadas institucionais e a adesão a práticas sólidas de gestão do risco podem atenuar significativamente os riscos associados à caça ao stop. Além disso, o desenvolvimento da resiliência psicológica é vital; equipa os investidores com a capacidade de manter a disciplina e a clareza face às pressões emocionais que a manipulação pode provocar.

Estudos de caso, como o Flash Crash de 2010 e o escândalo de manipulação do mercado de divisas de 2013, ilustram as implicações da manipulação no mundo real e a importância da vigilância. Estes eventos sublinham a necessidade de os comerciantes se manterem informados e adaptáveis num ambiente de mercado em constante mudança.

Em conclusão, a capacidade de navegar na manipulação do mercado e na caça aos stops é uma competência crítica para os operadores, particularmente no domínio da negociação das TIC. Ao compreenderem a mecânica destas tácticas de manipulação e ao empregarem estratégias eficazes, os operadores podem aumentar a sua resistência e melhorar o seu desempenho comercial. Em última análise, a promoção de uma consciência mais profunda da dinâmica do mercado permitirá aos investidores tomar decisões sólidas, alinhar as suas estratégias com os movimentos institucionais e prosperar nos mercados financeiros competitivos.

Capítulo 6: Estrutura do mercado e fluxo de ordens

6.1 Introdução à estrutura do mercado

A estrutura do mercado refere-se à organização e às caraterísticas de um mercado, incluindo as relações entre os diferentes participantes, o fluxo de ordens e a ação dos preços. Compreender a estrutura do mercado é essencial para os investidores, uma vez que influencia a forma como os movimentos de preços ocorrem e ajuda a tomar decisões de negociação informadas.

Principais componentes da estrutura do mercado:

1. **Tendências**: A direção geral em que o mercado se move - para cima (alta), para baixo (baixa) ou para os lados (oscilação).

2. **Níveis de suporte e resistência**: Níveis de preços chave onde o preço tem historicamente tido dificuldade em ultrapassar, indicando áreas de pressão de compra ou venda.

3. **Participantes no mercado**: Diferentes tipos de comerciantes, incluindo comerciantes de retalho, comerciantes institucionais e criadores de mercado, cada um com comportamentos e estratégias distintas.

6.2 O papel da estrutura de mercado na negociação

Compreender a estrutura do mercado permite aos investidores analisar os movimentos de preços e identificar potenciais oportunidades de negociação. Ao avaliar a estrutura global, os investidores podem determinar a fase atual do mercado e ajustar as suas estratégias em conformidade.

Fases do mercado:

1. **Fase de Acumulação**: Caracterizada por um período de consolidação em que os compradores começam a acumular posições, muitas vezes seguindo uma tendência de baixa. O preço normalmente é negociado dentro de um intervalo estreito.

2. **Fase de marcação**: Após a acumulação, o preço começa a subir à medida que a procura excede a oferta, indicando um sentimento de alta entre os participantes do mercado.

3. **Fase de distribuição**: Esta fase ocorre após um aumento significativo do preço, em que os vendedores começam a realizar lucros. O preço pode ser negociado lateralmente ou começar a descer à medida que a oferta ultrapassa a procura.

4. **Fase de remarcação**: O preço desce à medida que a pressão de venda aumenta, conduzindo frequentemente a um sentimento de baixa no mercado.

6.3 Analisar o suporte e a resistência

Os níveis de suporte e resistência são aspectos críticos da estrutura do mercado. Fornecem informações valiosas sobre potenciais inversões de preços e áreas onde os investidores podem entrar ou sair de posições.

Identificar os níveis de suporte e resistência:

- **Ação de preço histórica**: Observar os movimentos de preços passados pode ajudar os investidores a identificar níveis significativos onde o preço se inverteu.

- **Níveis Psicológicos**: Números redondos, tais como 1.2000 ou 1.2500 no forex, muitas vezes actuam como suporte psicológico ou níveis de resistência devido ao seu significado para os comerciantes.

- **Indicadores técnicos**: Ferramentas como médias móveis, níveis de retração de Fibonacci e pontos de pivô podem ajudar a identificar potenciais áreas de suporte e resistência.

O papel do suporte e da resistência na negociação:

- **Pontos de entrada**: Os investidores procuram frequentemente oportunidades de compra perto de níveis de suporte e oportunidades de venda perto de níveis de resistência.

- **Colocação de Stop-Loss**: As paragens podem ser colocadas logo abaixo dos níveis de suporte para posições longas e acima dos níveis de resistência para posições curtas para minimizar as perdas.
- **Confirmação de rupturas**: Uma quebra confirmada acima da resistência ou abaixo do suporte pode sinalizar a potencial continuação ou inversão de tendências.

6.4 Compreender o fluxo de encomendas

O fluxo de ordens refere-se à atividade real de compra e venda no mercado e é uma componente crucial para compreender a estrutura do mercado. A análise do fluxo de ordens fornece informações sobre as intenções dos participantes no mercado, permitindo aos operadores antecipar futuros movimentos de preços.

Conceitos-chave no fluxo de pedidos:

1. **Ordens de mercado vs. ordens de limite**:
   - **Ordens de mercado**: Executadas imediatamente ao preço de mercado atual, reflectindo a urgência dos operadores.
   - **Ordens de limite**: Colocadas em níveis de preços específicos, indicando uma vontade de comprar ou vender a um preço desejado. As ordens de limite contribuem para os níveis de suporte e resistência.
2. **Dinâmica do livro de ordens**: O livro de ordens apresenta todas as ordens pendentes no mercado, fornecendo uma visão da oferta e da procura. A análise do livro de ordens pode ajudar os investidores a compreender onde existe uma pressão significativa de compra ou venda.
3. **Perfil de volume**: Esta ferramenta apresenta o volume de transacções em vários níveis de preços durante um período específico, ajudando os investidores a identificar áreas de elevado interesse e potenciais reacções de preços.

6.5 Leitura do fluxo de ordens para decisões de negociação

A leitura eficaz do fluxo de ordens permite aos investidores tomar decisões informadas com base nas condições de mercado em tempo real. Ao compreender o equilíbrio entre a pressão de compra e venda, os operadores podem antecipar potenciais movimentos de preços.

Técnicas de análise do fluxo de ordens:

1. **Gráficos de pegada**: Estes gráficos apresentam dados de volume detalhados, incluindo ordens de compra e venda a níveis de preços específicos, fornecendo informações sobre o sentimento do mercado e potenciais inversões.
2. **Tempo e vendas (Tape Reading)**: Esta técnica envolve a monitorização de transacções ao vivo e do livro de ordens para avaliar a atividade do mercado, fornecendo pistas sobre a dinâmica e potenciais alterações de preços.
3. **Análise Delta**: A análise da diferença entre o volume de compra e venda pode indicar a força dos movimentos do mercado. Um delta positivo sugere uma forte pressão de compra, enquanto um delta negativo indica uma pressão de venda.

6.6 A importância da estrutura do mercado no comércio das TIC

No contexto da negociação ICT (Inner Circle Trader), compreender a estrutura do mercado é essencial para implementar com sucesso estratégias baseadas em práticas institucionais. Os princípios do ICT enfatizam a importância da estrutura do mercado na determinação dos melhores pontos de entrada e saída.

Conceitos de TIC relacionados com a estrutura do mercado:

- **Conceitos de Smart Money**: Os investidores procuram frequentemente alinhar as suas estratégias com as acções dos intervenientes institucionais, conhecidos como "smart money". Compreender a estrutura do mercado ajuda a identificar áreas onde é provável que ocorram compras ou vendas institucionais.

- **Zonas de liquidez**: Reconhecer as zonas de liquidez - áreas onde ocorrem compras ou vendas significativas - permite aos investidores antecipar os movimentos do mercado e capitalizar sobre eles.

6.7 Integração da estrutura de mercado e do fluxo de ordens nas estratégias de negociação

Uma negociação bem sucedida envolve a integração de uma compreensão da estrutura do mercado com a análise do fluxo de ordens. Esta combinação permite aos investidores desenvolver estratégias abrangentes que respondem às condições do mercado em tempo real.

Desenvolver uma estratégia de negociação:

1. **Identificar os níveis chave**: Comece por analisar a estrutura do mercado para identificar os níveis críticos de suporte e resistência.
2. **Monitorização do fluxo de ordens**: Observe o fluxo de ordens nestes níveis chave para avaliar a pressão de compra e venda. Preste atenção ao equilíbrio entre as ordens de mercado e de limite.
3. **Definir entradas e saídas**: Utilizar informações da estrutura do mercado e do fluxo de ordens para determinar pontos de entrada, colocações de stop-loss e objectivos de lucro.
4. **Ajustar às condições do mercado**: Esteja preparado para adaptar a sua estratégia com base nas condições de mercado em mudança, uma vez que a ação dos preços e o fluxo de ordens podem mudar rapidamente.

6.8 Erros comuns na análise da estrutura do mercado e do fluxo de ordens

Os operadores caem frequentemente em armadilhas específicas quando interpretam a estrutura do mercado e o fluxo de ordens, o que conduz a uma má tomada de decisões.

1. **Ignorar o contexto**: Não considerar o contexto mais amplo do mercado ao analisar a estrutura pode levar a interpretações erróneas.
2. **Reação exagerada ao ruído**: Os investidores podem reagir a pequenos movimentos de preços ou a flutuações no fluxo de ordens sem compreender a tendência geral.
3. **Negligenciar a gestão do risco**: Mesmo com uma compreensão clara da estrutura do mercado e do fluxo de ordens, negligenciar a gestão do risco pode resultar em perdas significativas.

6.9 Conclusão

Compreender a estrutura do mercado e o fluxo de ordens é fundamental para uma negociação bem sucedida nos mercados financeiros. Ao reconhecer as fases da estrutura do mercado, analisar os níveis de suporte e resistência e interpretar a dinâmica do fluxo de ordens, os investidores podem melhorar a sua capacidade de tomar decisões informadas.

A integração destes conceitos nas estratégias de negociação permite aos investidores alinharem-se com as práticas institucionais e anteciparem os movimentos do mercado de forma mais eficaz. À medida que o mercado evolui, as abordagens dos traders também devem evoluir, enfatizando a importância da aprendizagem e adaptação contínuas.

No contexto da negociação de TIC, o domínio da estrutura do mercado e do fluxo de ordens é um passo fundamental para alcançar uma rentabilidade consistente. Ao tirar partido destas informações, os operadores podem melhorar os seus processos de tomada de decisão, otimizar as suas estratégias de negociação e, em última análise, prosperar num ambiente de negociação competitivo.

7.1 Introdução à gestão dos riscos

A gestão do risco é uma componente integral de uma negociação bem sucedida, particularmente no ambiente acelerado dos mercados financeiros. Para os investidores que operam no âmbito do Inner Circle Trader (ICT), a gestão eficaz do risco é essencial para preservar o capital e garantir o sucesso a longo prazo. Esta secção irá aprofundar os conceitos fundamentais da gestão de risco, destacando a sua importância na negociação e os princípios que regem a sua aplicação.

Definição de gestão de riscos

Na sua essência, a gestão de riscos envolve a identificação, avaliação e priorização de riscos, seguida de esforços coordenados para minimizar, monitorizar e controlar a probabilidade ou o impacto de eventos infelizes. Na negociação, a gestão do risco traduz-se na proteção do capital contra movimentos adversos do mercado, ao mesmo tempo que se procuram oportunidades lucrativas. Uma gestão de riscos eficaz não só protege os investimentos, como também melhora a tomada de decisões e incute disciplina entre os operadores económicos.

O significado da gestão de riscos na negociação

A gestão do risco desempenha vários papéis fundamentais no panorama comercial:

1. **Preservação do capital**: O principal objetivo da gestão de risco é proteger o capital de negociação. Uma única perda significativa pode afetar gravemente a capacidade de operação e recuperação de um operador. Assim, a preservação do capital é fundamental para a sustentabilidade na área de negociação.

2. **Estabilidade emocional**: O aspeto psicológico da negociação é muitas vezes negligenciado. A gestão eficaz do risco permite que os investidores se concentrem nas suas estratégias sem o medo paralisante de perdas catastróficas. Uma estratégia sólida de gestão de risco promove a confiança e ajuda os investidores a manter a compostura emocional.

3. **Sucesso a longo prazo**: Uma negociação bem sucedida não é apenas uma questão de ganhar transacções; é uma questão de consistência ao longo do tempo. A gestão eficaz do risco assegura que, mesmo durante as séries de perdas, um operador pode permanecer no jogo e recuperar dos contratempos.

4. **Conformidade regulamentar**: Para os comerciantes institucionais, aderir aos protocolos de gestão de risco não é apenas a melhor prática; é frequentemente um requisito regulamentar. A conformidade ajuda a manter a integridade do sistema financeiro.

Componentes de um quadro de gestão do risco sólido

O desenvolvimento de um quadro sólido de gestão do risco é essencial para todos os operadores, independentemente do seu nível de experiência. Os principais componentes deste quadro incluem:

1. **Avaliação de riscos**: A identificação de riscos potenciais é o primeiro passo no processo de gestão de riscos. Isto implica compreender a dinâmica do mercado, as estratégias de negociação individuais e a tolerância ao risco pessoal.

2. **Controlo dos riscos**: Uma vez identificados os riscos, o passo seguinte é estabelecer controlos. Isto pode incluir a definição de ordens stop-loss, a diversificação de investimentos e a determinação do tamanho das posições com base em avaliações de risco.

3. **Monitorização e revisão**: A monitorização contínua da exposição ao risco e as revisões regulares das estratégias de gestão do risco são cruciais para a adaptação às condições de mercado em mudança. Os investidores devem manter-se vigilantes e estar preparados para ajustar as suas estratégias, se necessário.

4. **Documentação e análise**: É vital manter um diário de negociação que documente as transacções, as avaliações de risco e a lógica subjacente às decisões. A revisão regular deste diário ajuda os investidores a aprender com as experiências passadas e a aperfeiçoar as suas estratégias.

Em resumo, a gestão eficaz do risco não é apenas uma medida de proteção; é uma abordagem estratégica que melhora o desempenho global da negociação. Ao compreender a sua importância, os investidores podem desenvolver estruturas que apoiem o crescimento sustentável nos seus empreendimentos comerciais.

7.2 Importância da gestão dos riscos

Compreender a importância da gestão do risco na negociação é fundamental tanto para os operadores novatos como para os experientes. Os mercados financeiros são inerentemente imprevisíveis e a capacidade de navegar nesta incerteza pode influenciar significativamente o sucesso da negociação. Esta secção explorará as razões fundamentais pelas quais a gestão do risco é essencial e as suas implicações mais vastas no percurso de um trader.

1. Preservação do capital

Uma das razões mais convincentes para implementar estratégias de gestão de risco é a preservação do capital. Os mercados financeiros podem registar flutuações rápidas e mesmo os operadores mais experientes podem incorrer em perdas significativas. Uma gestão de risco eficaz permite que os investidores definam os seus níveis de risco aceitáveis e garantam que nenhuma transação individual possa pôr em risco todo o seu capital de negociação.

- **Exemplo**: Considere um negociante com uma conta de negociação de $10.000 que decide arriscar 2% do seu capital numa única transação. Isto significa que está disposto a perder um máximo de $200 numa transação. Se o negociador enfrentar uma série de transacções perdedoras, ainda manterá uma parte substancial do seu capital para continuar a negociar, permitindo-lhe recuperar e capitalizar em oportunidades futuras.

2. Estabilidade emocional

A negociação pode ser um empreendimento emocionalmente desgastante, caracterizado por altos e baixos extremos. O medo e a ganância podem toldar o discernimento e levar a decisões impulsivas. Uma gestão de risco eficaz funciona como uma rede de segurança, proporcionando aos investidores uma abordagem estruturada que reduz a ansiedade associada à volatilidade do mercado.

- **Impacto psicológico**: Quando os investidores têm um plano claro de gestão do risco, é menos provável que sucumbam a vendas de pânico durante as descidas do mercado ou ao FOMO (Fear of Missing Out) durante as tendências de subida. Esta estabilidade emocional permite uma tomada de decisões mais racional, aumentando a probabilidade de sucesso a longo prazo.

3. Sucesso a longo prazo

Uma negociação bem sucedida não consiste apenas em fazer transacções lucrativas, mas em manter a rentabilidade ao longo do tempo. Uma abordagem consistente à gestão do risco permite que os investidores naveguem eficazmente tanto nas sequências de ganhos como nas de perdas.

- **Sustentabilidade**: Os operadores que dão prioridade à gestão do risco descobrem frequentemente que podem suportar melhor as flutuações do mercado do que aqueles que não o fazem. Esta sustentabilidade é vital para garantir que os operadores possam continuar a operar e a aperfeiçoar as suas estratégias a longo prazo.

4. Melhoria do processo de tomada de decisões

A gestão de risco promove uma abordagem disciplinada à negociação, que é essencial para a tomada de decisões sólidas. Ao aderir a parâmetros de risco predefinidos, os investidores podem concentrar-se na estratégia, em vez de serem excessivamente influenciados por reacções emocionais aos movimentos do mercado.

- **Melhoria da execução da estratégia**: Com um quadro de gestão de risco sólido, os investidores podem executar as suas estratégias com confiança, sabendo que têm medidas em vigor para mitigar potenciais perdas.

5. Conformidade regulamentar

Para os comerciantes e fundos institucionais, a gestão do risco não é apenas uma prática recomendada; é frequentemente um requisito regulamentar. O cumprimento dos protocolos de gestão de risco ajuda a garantir a integridade do sistema financeiro e protege os investidores.

- **Confiança dos investidores**: O cumprimento das diretrizes de gestão do risco aumenta a confiança dos clientes e das partes interessadas, posicionando os operadores como responsáveis e profissionais nas suas operações.

7.3 Principais componentes da gestão de riscos

Uma estratégia abrangente de gestão de risco é composta por vários componentes-chave que trabalham em conjunto para proteger o capital de negociação e melhorar o desempenho global. Esta secção explorará estes componentes em pormenor, realçando a sua importância e a forma como podem ser eficazmente implementados.

7.3.1 Dimensionamento da posição

O dimensionamento da posição é um aspeto crítico da gestão do risco, uma vez que determina a quantidade de capital a afetar a uma determinada transação com base na tolerância ao risco e na dimensão da conta.

- **Definição do tamanho da posição**: Os investidores devem decidir o número de unidades a comprar ou vender com base na sua apetência pelo risco. Um método comum é arriscar uma percentagem fixa do capital total em cada transação. Por exemplo, se um investidor tiver uma conta de

$10.000 e estiver disposto a arriscar 2%, a perda máxima por transação será de $200.

- **Cálculo do tamanho da posição**: A fórmula para calcular o tamanho da posição é:

Tamanho da posição=Risco em dólaresRisco da transação (em pips ou pontos)\text{Tamanho da posição} = \frac{\text{Risco em dólares}}{\text{Risco da transação (em pips ou pontos)}}Tamanho da posição=Risco da transação (em pips ou pontos)Risco em dólares

Onde:

  - **O risco em dólares** é o montante máximo que um operador está disposto a perder.
  - **O risco comercial** é a diferença entre o preço de entrada e o preço de paragem de perda.

- **Exemplo**: Se um comerciante entra numa transação a 1,2500 com um stop-loss a 1,2450 (risco de 50 pips), o tamanho da posição seria:

Tamanho da posição=20050=4 lotes padrão\text{Tamanho da posição} = \frac{200}{50} = 4 \text{lotes padrão}Tamanho da posição=50200=4 lotes padrão

Este cálculo garante que o risco se mantém dentro de limites aceitáveis.

7.3.2 Rácio risco-recompensa

O rácio risco-recompensa é uma medida do lucro potencial de uma transação em comparação com a perda potencial. Um rácio risco-recompensa favorável aumenta a probabilidade de obter uma rentabilidade global.

- **Determinar o rácio**: Os negociadores devem ter como objetivo um rácio risco-recompensa de, pelo menos, 1:2, o que significa que, por cada dólar arriscado, o lucro potencial deve ser de, pelo menos, dois dólares. Esta abordagem garante que, mesmo que um negociante tenha uma taxa de ganhos inferior a 50%, ainda pode ser rentável.

- **Exemplo de cálculo**: Se um comerciante entrar numa transação a 1,2500 com um stop-loss a 1,2450 (risco de 50 pips) e um objetivo a 1,2600 (recompensa potencial de 100 pips), o rácio risco-recompensa pode ser calculado como:

Rácio risco-recompensa=RiscoRecompensa=100 pips50 pips=2:1\text{Rácio risco-recompensa} = \frac{\text{Recompensa}}{\text{Risco}} = \frac{100 \text{ pips}}{50 \text{ pips}} = 2:1Rácio risco-recompensa=RiscoRecompensa=50 pips100 pips=2:1

Este rácio indica que o comerciante pode ganhar o dobro do montante que arrisca na transação.

- **Importância dos rácios risco-recompensa**: Um rácio risco-recompensa favorável não só aumenta os lucros potenciais, como também permite que os investidores recuperem das perdas de forma mais eficaz. Os investidores devem avaliar consistentemente os seus rácios risco-recompensa antes de entrarem nas transacções para garantir que estão alinhados com a sua estratégia global.

7.3.3 Ordens Stop-Loss

As ordens stop-loss são ferramentas essenciais para limitar as perdas potenciais numa transação. São executadas automaticamente quando é atingido um nível de preço especificado, ajudando os investidores a gerir eficazmente o seu risco.

- **Tipos de ordens Stop-Loss**:
  - **Stop-Loss fixo**: Um nível pré-determinado com base na análise técnica ou na estrutura do mercado, colocado a uma distância que se alinha com a tolerância ao risco do investidor.

- o **Trailing Stop-Loss**: Este tipo de paragem de perda move-se com o preço de mercado, bloqueando os lucros à medida que a transação se torna favorável. Isto pode ser particularmente útil em mercados de tendência.
- **Estratégias de colocação**: A colocação correta de ordens stop-loss é crucial. Os investidores devem considerar a colocação de ordens stop-loss para além dos níveis de suporte e resistência chave para evitar serem acionados por flutuações normais do mercado. Além disso, a utilização do Average True Range (ATR) pode ajudar a determinar as distâncias adequadas para a colocação de ordens stop-loss.
- **Factores psicológicos**: É essencial que os investidores se mantenham disciplinados e cumpram as suas colocações de stop-loss, uma vez que as emoções podem muitas vezes levar à saída prematura ou à manutenção de posições perdedoras na esperança de uma inversão.

7.4 Técnicas avançadas de gestão de riscos

Para além das componentes fundamentais da gestão do risco, podem ser implementadas estratégias avançadas para proteger ainda mais o capital. Esta secção explora algumas destas técnicas, fornecendo informações sobre a sua eficácia e aplicação.

7.4.1 Diversificação

A diversificação envolve a distribuição do capital por vários activos ou estratégias de negociação para reduzir o risco. Esta técnica pode ajudar os investidores a reduzir o impacto de movimentos adversos num único mercado.

- **Diversificação de activos**: Investir em diferentes classes de activos (por exemplo, acções, forex, mercadorias) reduz a probabilidade de uma queda num mercado ter um impacto significativo na carteira global. Por exemplo, enquanto os mercados de acções podem ser voláteis, as obrigações ou os produtos de base podem ter um efeito estabilizador.

- **Diversificação de estratégias**: A utilização de várias estratégias de negociação, como as estratégias de seguimento de tendências, de reversão à média ou de fuga, também pode reduzir a exposição ao risco. Ao diversificar as estratégias, os investidores podem aproveitar as oportunidades em diferentes condições de mercado, melhorando assim o desempenho global.

- **Análise de correlação**: Os investidores devem analisar a correlação entre os activos antes de diversificar. A correlação baixa ou negativa entre activos pode proporcionar uma melhor redução do risco, uma vez que é menos provável que se movam em conjunto durante as flutuações do mercado.

7.4.2 Cobertura de riscos

A cobertura é uma estratégia de gestão do risco utilizada para compensar perdas potenciais numa posição, assumindo uma posição oposta num ativo relacionado. Esta abordagem pode ajudar a proteger contra movimentos adversos do mercado.

- **Técnicas de cobertura comuns**:
    - **Contratos de opções**: A compra de opções de venda sobre uma ação pode proteger contra descidas de preços. Por exemplo, se um investidor possuir acções de uma empresa, pode comprar opções de venda para se proteger contra potenciais perdas.
    - **Contratos de Futuros**: Os investidores podem utilizar contratos de futuros para fixar os preços de mercadorias ou moedas, reduzindo o risco associado às flutuações de preços.
    - **ETFs inversos**: Os fundos inversos negociados em bolsa (ETFs) podem proteger-se contra as quedas do mercado, proporcionando retornos que se movem inversamente ao índice subjacente.
- **Avaliação do risco**: Embora a cobertura possa reduzir o risco, também acarreta custos e potenciais complexidades. Os investidores devem avaliar se o custo da cobertura justifica a potencial redução do risco.

7.4.3 Avaliação e controlo dos riscos

Avaliar regularmente o risco e monitorizar as transacções é vital para uma gestão eficaz do risco. A avaliação contínua permite que os investidores se adaptem às condições de mercado em mudança e mantenham uma exposição óptima ao risco.

- **Métricas de desempenho**: Os investidores devem acompanhar os principais indicadores, como o levantamento, a taxa de ganhos e o lucro/perda médio por transação, para avaliar a eficácia das suas estratégias de gestão do risco. A monitorização destas métricas ajuda a identificar áreas de melhoria e de ajustamento.
- **Ajustar as estratégias**: Com base nos indicadores de desempenho, os investidores devem estar preparados para ajustar as suas estratégias e técnicas de gestão de risco em conformidade. Se determinadas transacções resultarem consistentemente em perdas, pode ser necessário reavaliar a estratégia ou os parâmetros de risco.
- **Utilizar a tecnologia**: As plataformas e o software de negociação avançados podem ajudar os investidores a monitorizar a exposição ao risco em tempo real, permitindo uma tomada de decisões e uma gestão do risco mais ágeis.

7.5 Aspectos psicológicos da gestão de riscos

As componentes psicológicas da negociação influenciam significativamente a eficácia da gestão do risco. A compreensão destes aspectos pode ajudar os investidores a manter a disciplina e a tomar decisões corretas. Esta secção explorará os principais factores psicológicos que têm impacto no desempenho da negociação e na gestão do risco.

7.5.1 Controlo emocional

Emoções como o medo e a ganância podem levar a decisões irracionais, afectando significativamente a gestão do risco. Os operadores que permitem que as suas emoções ditem as suas acções podem acabar por se desviar dos seus planos de gestão do risco.

- **Reconhecer as emoções**: Os investidores bem sucedidos são frequentemente aqueles que conseguem reconhecer e gerir as suas emoções. Compreender os factores que desencadeiam as emoções pode ajudar os investidores a implementar estratégias para atenuar a sua influência.
- **Desenvolver a disciplina**: Estabelecer e aderir a um plano de negociação é crucial para manter a disciplina. Um plano de negociação bem definido inclui regras de entrada e saída, dimensionamento de posições e protocolos de gestão de risco, ajudando os investidores a manterem-se concentrados e menos susceptíveis a impulsos emocionais.

7.5.2 Tolerância ao risco

A tolerância ao risco refere-se ao nível de risco que um indivíduo se sente confortável em assumir nas suas actividades de negociação. A tolerância ao risco varia entre os investidores e é influenciada por circunstâncias pessoais, experiência de negociação e condições de mercado.

- **Avaliar a tolerância ao risco pessoal**: Os investidores devem avaliar a sua tolerância ao risco para determinar a dimensão das posições e os níveis de risco adequados. Esta avaliação pode envolver a reflexão sobre experiências de negociação anteriores, obrigações financeiras e reacções emocionais à volatilidade do mercado.
- **Adaptação às condições de mercado**: A tolerância ao risco pode mudar com base nas condições de mercado prevalecentes. Por exemplo, durante a alta volatilidade, a tolerância ao risco de um trader pode diminuir, levando-o a adotar uma abordagem mais conservadora.

7.5.3 O papel da confiança

A confiança nas decisões de negociação é essencial, mas não deve conduzir a um excesso de confiança ou à assunção de riscos excessivos. Encontrar um equilíbrio entre a confiança e a prudência é vital para uma gestão eficaz dos riscos.

- **Criar confiança**: A confiança pode ser desenvolvida através da prática, da educação e de uma análise exaustiva do mercado. Os operadores que se informam continuamente sobre a dinâmica do mercado e melhoram as suas competências têm mais probabilidades de ganhar confiança nas suas capacidades de negociação.
- **Evitar o excesso de confiança**: Embora a confiança seja importante, o excesso de confiança pode levar a um comportamento imprudente, como o aumento do tamanho das posições ou o desvio dos protocolos de gestão de risco. Os negociadores devem manter-se fundamentados e conscientes dos riscos inerentes à negociação.

7.6 Erros comuns na gestão de riscos

Os investidores cometem frequentemente erros críticos que podem pôr em causa os seus esforços de gestão do risco. Esta secção descreve as armadilhas mais comuns e fornece estratégias para as evitar.

7.6.1 Ignorar os rácios risco-recompensa

Não considerar a relação risco-recompensa antes de entrar em transacções pode levar a perdas que ultrapassam os lucros potenciais. Este descuido pode provocar a erosão do capital e impedir o sucesso a longo prazo.

- **Sublinhar a importância**: Os investidores devem ter o hábito de avaliar o rácio risco-recompensa antes de executar qualquer transação. Se o rácio não estiver de acordo com o seu plano de negociação, devem reconsiderar a negociação ou ajustar os seus parâmetros.

7.6.2 Sobrealavancagem

O uso de alavancagem excessiva pode amplificar as perdas e levar a um rápido esgotamento da conta. Embora a alavancagem possa aumentar os retornos, também aumenta a exposição ao risco.

- **Compreender a alavancagem**: Os investidores devem compreender plenamente as implicações da utilização de alavancagem e determinar os níveis adequados que se alinham com a sua tolerância ao risco.
- **Estabelecer limites de alavancagem**: O estabelecimento de limites pessoais para o uso de alavancagem pode ajudar a mitigar os riscos associados ao excesso de alavancagem.

7.6.3 Negligenciar as ordens Stop-Loss

Não utilizar ordens stop-loss ou colocá-las demasiado perto do preço de entrada pode expor os investidores a riscos significativos. As ordens stop-loss são um instrumento fundamental para a proteção do capital.

- **Dar prioridade às ordens de paragem de perda**: Os investidores devem dar prioridade à definição de ordens stop-loss para cada transação e aderir à sua colocação, independentemente das flutuações do mercado. É crucial evitar reacções emocionais que possam levar ao ajuste das ordens stop-loss durante condições desfavoráveis.

7.7 Construir um plano de gestão de riscos pessoais

Criar um plano de gestão de risco pessoal adaptado aos objectivos de negociação individuais e à tolerância ao risco é essencial para o sucesso a longo prazo. Esta secção descreve os passos para desenvolver um plano de gestão de risco sólido.

Etapas para criar um plano de gestão de riscos:

1. **Definir a tolerância ao risco**: Avalie o seu apetite pelo risco com base nas circunstâncias pessoais e na experiência de negociação. Compreender a

quantidade de risco que pode tolerar confortavelmente é crucial para desenvolver um plano realista.

2. **Definir regras de dimensionamento de posições**: Estabeleça diretrizes para o dimensionamento de posições que estejam de acordo com a sua tolerância ao risco. Determine a percentagem de capital que está disposto a arriscar em cada transação e garanta a consistência da sua abordagem.

3. **Determinar os níveis de Stop-Loss e Take-Profit**: Crie regras para definir níveis de stop-loss e take-profit com base na análise técnica e nas condições de mercado. Utilize ferramentas como ATR e níveis de suporte/resistência para informar as suas decisões.

4. **Documentar o seu plano**: Escreva o seu plano de gestão de risco, incluindo a sua tolerância ao risco, regras de dimensionamento de posições e estratégias de stop-loss/take-profit. Documentar o seu plano ajuda a reforçar o compromisso e a disciplina.

5. **Rever e ajustar**: Reveja regularmente o seu plano de gestão de riscos e efectue os ajustamentos necessários com base no desempenho e na evolução das condições de mercado. A flexibilidade é essencial, uma vez que a dinâmica do mercado pode mudar rapidamente.

7.8 Conclusão

A gestão de risco é uma pedra angular de uma negociação bem succdida, particularmente no âmbito das TIC. Ao compreenderem os componentes chave da gestão de risco - tais como o dimensionamento de posições, rácios risco-recompensa e ordens stop-loss - os investidores podem proteger o seu capital e melhorar o seu desempenho de negociação.

A incorporação de técnicas avançadas como a diversificação, a cobertura e a avaliação contínua do risco reforça ainda mais as estratégias de gestão do risco. Além disso, a abordagem dos aspectos psicológicos da negociação, incluindo o controlo emocional e a confiança, é crucial para manter a disciplina e a tomada de decisões racionais.

Ao estabelecer um plano de gestão de risco bem definido e ao revê-lo e adaptá-lo continuamente, os investidores podem posicionar-se para o sucesso a longo prazo no mundo desafiante dos mercados financeiros. A ênfase na gestão do risco permite que os investidores resistam aos inevitáveis altos e baixos da negociação, conduzindo, em última análise, a um desempenho mais consistente e à concretização dos objectivos de negociação.

Capítulo 8: Psicologia de Negociação no Comércio de TIC

8.1 Introdução à psicologia da negociação

A psicologia de negociação é um aspeto crítico, mas muitas vezes negligenciado, de uma negociação bem sucedida. Engloba os factores emocionais e mentais que influenciam a tomada de decisões nos mercados financeiros. Compreender a psicologia de negociação é essencial para os investidores que procuram alcançar consistência e disciplina nas suas práticas de negociação. Este capítulo irá aprofundar os vários elementos psicológicos que afectam o comportamento de negociação, explorar as armadilhas psicológicas comuns e fornecer estratégias para desenvolver uma mentalidade de negociação robusta.

Definição da psicologia da negociação

A psicologia da negociação refere-se às emoções e estados mentais que os investidores experimentam antes, durante e depois da negociação. Estes factores psicológicos podem ter um impacto significativo no desempenho da negociação, conduzindo frequentemente a decisões irracionais, negociações emocionais e desvios dos planos de negociação estabelecidos. Dominar a psicologia da negociação é compreender-se a si próprio e gerir as reacções emocionais aos movimentos do mercado.

8.2 A importância da psicologia da negociação

A importância da psicologia da negociação não pode ser exagerada. Embora a análise técnica e fundamental desempenhe um papel vital na identificação de oportunidades de negociação, o estado mental de um investidor pode determinar se este executa as suas estratégias de forma eficaz ou se sucumbe a impulsos emocionais. Aqui estão algumas das principais razões pelas quais a psicologia comercial é crucial:

1. *Controlo emocional*

Os investidores enfrentam frequentemente uma miríade de emoções, incluindo o medo, a ganância, a excitação e a frustração. O controlo emocional é fundamental para tomar boas decisões de negociação. Compreender como gerir as emoções pode levar a escolhas mais racionais e reduzir a probabilidade de acções impulsivas.

- **Medo de** perder dinheiro: O medo de perder dinheiro pode fazer com que os investidores fechem posições vencedoras prematuramente ou evitem entrar em transacções, perdendo potenciais lucros.
- **Ganância**: Por outro lado, a ganância pode levar a uma negociação excessiva, assumindo riscos excessivos ou mantendo posições perdidas na esperança de uma inversão.

2. *Tomada de decisões*

O estado psicológico de um trader pode afetar significativamente a sua capacidade de tomada de decisões. Uma mente clara e concentrada é essencial para avaliar as condições do mercado, analisar a ação dos preços e executar transacções com base em estratégias estabelecidas.

- **Vieses Cognitivos**: Os investidores são susceptíveis a enviesamentos cognitivos, tais como o enviesamento de confirmação (favorecendo a informação que apoia as suas crenças) e a aversão à perda (preferindo evitar perdas em vez de adquirir ganhos equivalentes). Estes enviesamentos podem toldar o julgamento e levar a más decisões de negociação.

3. *Disciplina e coerência*

A disciplina é uma caraterística fundamental dos negociadores de sucesso. Aderir a um plano de negociação bem definido e seguir protocolos de gestão de risco é essencial para o sucesso a longo prazo. A psicologia de negociação desempenha um papel significativo na manutenção da disciplina, especialmente durante condições de mercado difíceis.

- **Consistência**: Um enquadramento psicológico forte ajuda os investidores a manterem as suas estratégias, assegurando que não se desviam devido a emoções de curto prazo ou ao ruído do mercado. A consistência na negociação conduz a um melhor desempenho e ajuda a criar confiança ao longo do tempo.

4. Gerir levantamentos e perdas

Todos os operadores de mercado registam perdas e perdas. A forma como os investidores reagem a estas situações pode ter um impacto significativo no seu sucesso a longo prazo. Uma mentalidade positiva e estratégias eficazes de controlo são cruciais para enfrentar os desafios emocionais que acompanham as perdas.

- **Resiliência**: O desenvolvimento da resiliência psicológica permite aos comerciantes recuperar de contratempos e manter uma perspetiva de futuro. Esta resiliência é essencial para manter a motivação e continuar a aprender com as experiências.

8.3 Armadilhas psicológicas comuns na negociação

Os negociadores deparam-se frequentemente com armadilhas psicológicas que podem prejudicar o seu desempenho. Reconhecer estas armadilhas é o primeiro passo para as ultrapassar. Abaixo estão alguns desafios psicológicos comuns enfrentados pelos comerciantes:

1. Excesso de confiança

O excesso de confiança pode levar a uma tomada de decisões imprudente e a uma maior exposição ao risco. Os investidores podem subestimar as complexidades do mercado, acreditando que podem prever os movimentos com certeza.

- **Causas**: O excesso de confiança resulta frequentemente de sucessos anteriores ou de uma compreensão limitada da dinâmica do mercado. Esta mentalidade pode resultar em negociações excessivas, gestão de risco inadequada e perdas substanciais.
- **Estratégias de mitigação**: Os investidores devem manter uma abordagem humilde às suas transacções, procurando continuamente a formação e a melhoria. A definição de expectativas realistas e a adesão a um plano de negociação disciplinado podem ajudar a contrariar o excesso de confiança.

2. Medo de ficar de fora (FOMO)

O FOMO é um fenómeno psicológico generalizado que obriga os investidores a entrarem em posições precipitadamente por medo de perderem potenciais lucros. Este impulso conduz frequentemente a uma má tomada de decisões e a uma maior exposição ao risco.

- **Consequências**: O FOMO pode resultar na entrada em transacções a preços desfavoráveis, em desvios dos planos de negociação e em reacções emocionais intensas aos movimentos do mercado.
- **Estratégias de mitigação**: Desenvolver um plano de negociação bem definido e concentrar-se na execução desse plano pode ajudar os investidores a resistir à vontade de perseguir oportunidades. Enfatizar os objectivos a longo prazo em vez dos ganhos a curto prazo é crucial para mitigar o FOMO.

3. Aversão a perdas

A aversão à perda refere-se à tendência para preferir evitar perdas em vez de adquirir ganhos equivalentes. Esta tendência psicológica pode levar a um comportamento irracional, como manter posições perdedoras na esperança de uma recuperação.

- **Impacto na tomada de decisões**: Os investidores afectados pela aversão à perda podem evitar correr os riscos necessários ou fechar as transacções vencedoras demasiado cedo para evitar perdas potenciais. Este comportamento pode prejudicar a rendibilidade global.

- **Estratégias de mitigação**: Compreender o conceito de aversão à perda e o seu impacto na tomada de decisões pode ajudar os investidores a fazer escolhas mais racionais. A implementação de ordens stop-loss rigorosas e a concentração no desempenho global de uma estratégia de negociação podem ajudar a ultrapassar esta tendência.

8.4 Estratégias para melhorar a psicologia da negociação

Melhorar a psicologia da negociação envolve o desenvolvimento da auto-consciência, da inteligência emocional e de estratégias eficazes de lidar com a situação. Esta secção descreve várias estratégias que os investidores podem utilizar para melhorar a sua capacidade de resistência psicológica e de tomada de decisões.

1. Auto-conhecimento e reflexão

A auto-consciência é um componente crítico da psicologia de negociação eficaz. Os investidores devem compreender os seus estímulos emocionais, pontos fortes e fracos para gerir eficazmente as suas reacções psicológicas.

- **Registo no diário**: Manter um diário de negociação é uma ferramenta poderosa para a autorreflexão. Os investidores podem documentar os seus pensamentos, emoções e processos de tomada de decisão, permitindo-lhes identificar padrões e áreas de melhoria.
- **Revisões regulares**: A realização de revisões regulares do desempenho comercial, incluindo a análise das transacções vencedoras e perdedoras, pode fornecer informações valiosas sobre os factores psicológicos que podem estar a influenciar a tomada de decisões.

2. Desenvolver a inteligência emocional

A inteligência emocional envolve o reconhecimento e a compreensão das próprias emoções e das emoções dos outros. O desenvolvimento da inteligência emocional pode melhorar a capacidade dos investidores para gerir o stress, manter a concentração e tomar decisões racionais.

- **Práticas de atenção plena**: A incorporação de técnicas de atenção plena, como a meditação e exercícios de respiração profunda, pode ajudar os investidores a cultivar a consciência emocional e a reduzir o stress. Estas práticas podem melhorar a concentração e promover um estado mental calmo durante as sessões de negociação.
- **Empatia e tomada de perspetiva**: Compreender a dinâmica emocional do mercado e o comportamento de outros investidores pode ajudar os investidores a manter uma perspetiva equilibrada. Reconhecer que os outros participantes também podem sentir medo e ganância pode promover um sentido de comunidade e reduzir os sentimentos de isolamento.

3. Estabelecer uma rotina

O estabelecimento de uma rotina de negociação consistente pode promover a disciplina e melhorar a psicologia da negociação. Uma rotina bem definida proporciona uma estrutura e ajuda os investidores a concentrarem-se nos aspectos fundamentais da sua estratégia de negociação.

- **Rotina de pré-negociação**: Desenvolver uma rotina de pré-negociação que inclua a revisão das condições do mercado, a análise de gráficos e a definição de objectivos para a sessão de negociação pode melhorar a concentração e a preparação.
- **Rotina pós-negociação**: A implementação de uma rotina pós-negociação que inclua a revisão das transacções, a reflexão sobre as emoções vividas durante a negociação e a avaliação do desempenho global pode facilitar a melhoria contínua.

4. Definição de objectivos realistas

A definição de objectivos realistas e realizáveis é crucial para manter a motivação e reduzir o stress psicológico. Expectativas irrealistas podem levar ao desapontamento e à frustração, afectando negativamente a psicologia da negociação.

- **Objectivos SMART**: Os investidores devem estabelecer objectivos específicos, mensuráveis, alcançáveis, relevantes e limitados no tempo (SMART) que se alinhem com os seus objectivos de negociação. A definição de objectivos mais pequenos e incrementais pode ajudar a criar confiança e proporcionar uma sensação de realização.
- **Concentre-se no processo em vez do resultado**: Dar ênfase ao processo de negociação em vez de se concentrar apenas nos resultados pode promover uma mentalidade mais saudável. Os investidores devem procurar aperfeiçoar as suas estratégias, aderir a protocolos de gestão de risco e manter a disciplina.

8.5 O papel dos sistemas de apoio

Um forte sistema de apoio pode aumentar significativamente a resistência psicológica de um trader. Rodear-se de pessoas que pensam da mesma forma pode proporcionar motivação, responsabilidade e experiências partilhadas. Esta secção explora a importância dos sistemas de apoio na psicologia do trading.

1. Apoio dos pares e criação de redes

O contacto com outros comerciantes pode fornecer informações valiosas e promover um sentido de comunidade. A partilha de experiências, desafios e sucessos pode aliviar sentimentos de isolamento e proporcionar motivação.

- **Grupos e fóruns de negociação**: A adesão a grupos de negociação ou fóruns online pode facilitar as discussões, fornecer perspectivas diversas e criar um ambiente de apoio para os negociadores. O contacto com outras pessoas que partilham interesses semelhantes pode melhorar a aprendizagem e fomentar a camaradagem.
- **Mentoria**: Procurar a orientação de investidores experientes pode fornecer orientação e apoio para enfrentar os desafios psicológicos da negociação.

Os mentores podem oferecer ideias baseadas nas suas experiências e ajudar os mentorandos a desenvolver uma mentalidade comercial sólida.

2. Apoio profissional

Em alguns casos, os comerciantes podem beneficiar de apoio psicológico profissional, especialmente se se debaterem com desafios emocionais significativos ou problemas de saúde mental.

- **Terapia e aconselhamento**: Trabalhar com um terapeuta ou conselheiro especializado em psicologia comercial pode fornecer aos comerciantes ferramentas e estratégias para gerirem as suas emoções e desenvolverem mecanismos de controlo saudáveis.
- **Coaching** de desempenho: Os coaches de desempenho podem ajudar os negociadores a identificar barreiras psicológicas e a desenvolver estratégias para melhorar o seu desempenho. O coaching pode fornecer responsabilidade e orientação estruturada para atingir as metas de negociação.

8.6 Conclusão

A psicologia da negociação é um aspeto vital de uma negociação bem sucedida que engloba o controlo emocional, a tomada de decisões, a disciplina e a resiliência. Compreender os factores psicológicos que influenciam o comportamento de negociação pode ajudar os investidores a navegar nas complexidades dos mercados financeiros com confiança e clareza.

Reconhecendo as armadilhas psicológicas comuns, empregando estratégias eficazes de melhoria e construindo um sistema de apoio sólido, os investidores podem cultivar uma mentalidade comercial positiva que melhora o desempenho e promove o sucesso a longo prazo.

Em última análise, dominar a psicologia de negociação é uma jornada contínua que requer auto-consciência, aprendizagem contínua e adaptação. Ao dar prioridade ao desenvolvimento psicológico juntamente com a análise técnica e fundamental, os investidores podem posicionar-se para uma rentabilidade consistente no cenário em constante evolução dos mercados financeiros.

9.1 Introdução

A metodologia Inner Circle Trader (ICT) foi concebida para melhorar a capacidade de um investidor para analisar o mercado e executar transacções com base em princípios abrangentes enraizados na dinâmica do mercado. Ao combinar a análise técnica, a psicologia do mercado e a gestão do risco, os conceitos TIC permitem que os investidores desenvolvam uma abordagem completa da negociação. Este capítulo visa elucidar como integrar estes conceitos em estratégias acionáveis, tendo em conta os factores psicológicos que influenciam o comportamento de negociação.

9.2 Compreender os conceitos-chave das TIC

Antes de desenvolver estratégias de negociação eficazes, é essencial compreender os princípios fundamentais que estão na base da metodologia TIC. Cada conceito fornece uma visão única do comportamento do mercado e pode ser aproveitado para criar estratégias de negociação robustas.

1. Estrutura do mercado

Compreender a estrutura do mercado é o primeiro passo para uma negociação bem sucedida. Este conceito refere-se à forma como os movimentos de preços criam padrões identificáveis, que podem ajudar os investidores a determinar potenciais pontos de entrada e saída.

- **Análise de tendências**: Os investidores devem classificar as condições de mercado em tendências de alta, baixa ou laterais. Reconhecer a tendência atual pode melhorar significativamente a precisão da negociação. Por exemplo, numa tendência de subida, os investidores podem procurar oportunidades de compra em recuos, enquanto que numa tendência de descida, podem procurar oportunidades de venda em subidas.
- **Identificar as fases do mercado**: Os mercados movem-se frequentemente através de diferentes fases: acumulação, distribuição, markup e markdown.

A compreensão destas fases permite que os investidores alinhem as suas estratégias com os movimentos do mercado. Por exemplo, durante a fase de acumulação, um investidor pode identificar potenciais entradas longas à medida que os actores institucionais constroem posições.

- **Swing Highs e Lows**: Analisar os altos e baixos de oscilação é fundamental para compreender o sentimento e o impulso do mercado. Os investidores devem procurar máximos mais altos e mínimos mais altos numa tendência de subida e máximos mais baixos e mínimos mais baixos numa tendência de descida. Esta análise ajuda a identificar potenciais inversões e padrões de continuação.

2. Liquidez e fluxo de ordens

A liquidez e o fluxo de ordens são componentes essenciais da abordagem de negociação das TIC, permitindo aos operadores avaliar as condições de mercado e antecipar os movimentos de preços.

- **Compreender as zonas de liquidez**: Os investidores devem identificar as zonas de liquidez, áreas onde é provável que sejam executadas grandes ordens de compra ou venda. Estas zonas correspondem frequentemente a níveis de suporte e resistência, onde podem ocorrer inversões de preços ou rupturas.
- **Análise do fluxo de ordens**: Compreender como o fluxo de ordens afecta os movimentos de preços é crucial. Os investidores podem analisar a relação entre a pressão de compra e venda para identificar potenciais mudanças no sentimento do mercado. Por exemplo, se um grande número de ordens de compra for acionado num nível de suporte, isso pode indicar uma potencial inversão.
- **Criadores de mercado**: Reconhecer o papel dos criadores de mercado no fornecimento de liquidez é essencial para os comerciantes. Os criadores de mercado facilitam as transacções através da compra e venda de activos, e as suas acções podem influenciar os movimentos de preços. Compreender

o seu comportamento pode ajudar os investidores a antecipar potenciais picos de preços ou retracções.

3. Análise da ação do preço

A ação dos preços é a pedra angular da metodologia de negociação das TIC. Ao analisar os movimentos históricos dos preços, os investidores podem obter informações sobre o comportamento futuro dos preços.

- **Compreender os padrões de velas**: Os investidores devem tornar-se proficientes na identificação de vários padrões de velas, tais como barras de pinos, velas envolventes e dojis. Cada padrão fornece pistas sobre o sentimento do mercado e potenciais inversões de preços. Por exemplo, uma barra de pinos num nível de suporte pode sinalizar uma inversão de alta.
- **Níveis de suporte e resistência**: Identificar os principais níveis de suporte e resistência é vital para uma negociação bem sucedida. Os investidores podem usar linhas horizontais para marcar estes níveis nos seus gráficos. Estes níveis servem como barreiras psicológicas onde a pressão de compra e venda pode mudar, tornando-os pontos ideais de entrada e saída.
- **Momentum e Volatilidade**: A análise da ação dos preços também envolve a avaliação da dinâmica e da volatilidade do mercado. Ferramentas como o Average True Range (ATR) podem ajudar os investidores a avaliar os níveis de volatilidade e a definir objectivos adequados de stop-loss e take-profit.

9.3 Desenvolvimento de um plano de negociação utilizando conceitos de TIC

Um plano de negociação abrangente que incorpore conceitos de TIC é essencial para obter resultados consistentes. Esta secção descreve os principais componentes de um plano de negociação eficaz, centrando-se na análise do mercado, nas regras de entrada e saída e na gestão do risco.

1. Análise do mercado

Uma análise de mercado eficaz constitui a espinha dorsal de um plano de negociação sólido. Ao integrar os conceitos das TIC, os investidores podem tomar decisões informadas sobre as condições do mercado.

- **Abordagem de cima para baixo**: Comece a sua análise a partir de períodos de tempo mais elevados (por exemplo, gráficos diários ou semanais) para identificar a tendência geral e os níveis chave. Em seguida, analise os períodos de tempo mais baixos (por exemplo, gráficos de 1 hora ou 15 minutos) para obter pontos de entrada precisos. Esta abordagem garante que as transacções se alinham com a direção mais ampla do mercado.

- **Revisão do calendário económico**: A incorporação de factores macroeconómicos e de eventos noticiosos futuros é crucial para compreender a potencial volatilidade do mercado. Os investidores devem estar atentos aos comunicados económicos e aos acontecimentos geopolíticos que possam ter impacto nos mercados.

- **Análise do sentimento**: Avaliar o sentimento do mercado através de indicadores como o Índice de Medo e Ganância ou inquéritos de sentimento pode fornecer um contexto adicional para potenciais movimentos do mercado. Compreender como os participantes do mercado se sentem em relação aos movimentos de preços pode ajudar os investidores a antecipar inversões.

2. Definir regras de entrada e saída

Regras claras de entrada e saída são vitais para uma negociação eficaz. Estas regras devem basear-se na aplicação de conceitos de TIC e devem ajudar os operadores a executar as suas estratégias de forma consistente.

- **Accionadores de entrada**: Defina critérios específicos para entrar nas transacções, tais como ultrapassar um nível de resistência, formar um padrão de velas de alta num nível de suporte ou confirmar sinais de indicadores técnicos. Considere a utilização de uma combinação de vários factores para aumentar a probabilidade de sucesso.

- **Estratégias de saída**: Estabelecer estratégias de saída com base na ação do preço e nas condições do mercado. Defina objectivos de obtenção de lucro em níveis de resistência chave e ordens de paragem de perda abaixo dos mínimos de oscilação significativos para transacções longas ou acima dos máximos de oscilação para transacções curtas. A utilização de trailing stops também pode ajudar a garantir lucros à medida que as transacções se movem a seu favor.

- **Ajustes dinâmicos**: Esteja preparado para ajustar as suas regras de entrada e saída com base nas alterações das condições do mercado. Se estiverem disponíveis novas informações ou se o sentimento do mercado mudar, esteja disposto a adaptar a sua estratégia para manter uma relação risco-recompensa favorável.

3. Gestão dos riscos

A gestão do risco é um dos aspectos mais importantes da negociação. Estratégias adequadas de gestão de risco protegem o capital e promovem o sucesso a longo prazo.

- **Dimensionamento de posições**: Determinar os tamanhos de posição apropriados com base na tolerância ao risco, tamanho da conta e condições de mercado. Uma orientação comum é não arriscar mais do que 1-2% do saldo total da conta numa única transação. Isto ajuda a mitigar o impacto de potenciais perdas.

- **Colocação de ordens Stop-Loss**: Utilizar conceitos de TIC para determinar a colocação óptima de ordens de paragem de perda. Por exemplo, colocar stops abaixo dos mínimos de oscilação recentes para transacções longas ajuda a proteger contra movimentos de preços inesperados. Ajustar os níveis de stop-loss dinamicamente com base na ação do preço pode melhorar ainda mais a gestão do risco.

- **Rácio risco-recompensa**: Procure obter um rácio risco-recompensa favorável, normalmente com um mínimo de 1:2 ou superior. Isto significa que, por cada dólar arriscado, o lucro potencial deve ser, pelo menos, o dobro desse valor. O estabelecimento de um rácio risco-recompensa favorável aumenta a probabilidade de rentabilidade a longo prazo.

9.4 Aplicações práticas dos conceitos de TIC

A integração dos conceitos das TIC nas estratégias de negociação implica uma aplicação prática. Esta secção fornece exemplos específicos de como aplicar estes princípios em vários cenários de negociação.

1. Escalpelamento com conceitos de TIC

O scalping é uma estratégia de negociação rápida que procura lucrar com pequenos movimentos de preços. A incorporação de conceitos de TIC pode aumentar a eficácia do scalping.

- **Identificar oportunidades rápidas**: Utilize os gráficos de 1 minuto ou 5 minutos para identificar oportunidades de negociação rápidas. Procure configurações de ação de preço, tais como rupturas ou inversões, perto de níveis de suporte e resistência chave.
- **Aproveitamento de eventos de notícias**: Os scalpers podem tirar partido da volatilidade durante os comunicados de imprensa. Monitorizar os lançamentos de dados económicos e as reacções do mercado pode fornecer pontos de entrada rápidos para obter lucro.
- **Utilizar a estrutura do mercado**: Concentrar-se na microestrutura da ação dos preços. Reconhecer as tendências dentro do período de tempo de escalpelamento e ajustar as decisões de negociação com base no momentum de curto prazo e nas condições de liquidez.

2. *Swing Trading com conceitos de TIC*

A negociação de swing permite que os investidores captem movimentos de preços maiores durante vários dias ou semanas. A integração dos princípios das TIC aumenta a eficácia das estratégias de swing trading.

- **Identificar tendências fortes**: Utilizar períodos de tempo mais elevados para identificar tendências fortes e níveis de preços chave. Entrar em negociações na direção da tendência dominante, utilizando períodos de tempo mais baixos para pontos de entrada precisos.
- **Utilizar a ação do preço**: Procure sinais significativos de ação do preço, tais como padrões de engolfamento de alta ou de baixa, perto de suporte crítico e níveis de resistência. Isto pode fornecer confirmação para entrar em transacções de swing.
- **Definir objectivos e metas**: Definir objectivos de lucro realistas com base na ação histórica dos preços e na estrutura do mercado. Ajustar os objectivos de forma dinâmica à medida que a transação progride, utilizando trailing stops para bloquear os lucros.

3. *Day Trading com conceitos de TIC*

O comércio diário exige um conhecimento profundo da dinâmica do mercado e uma tomada de decisão rápida. A integração de conceitos de TIC pode melhorar a eficácia das estratégias de negociação diária.

- **Análise intradiária do mercado**: Efetuar uma análise completa do mercado no início de cada sessão de negociação. Identifique os principais níveis de suporte e resistência, zonas de liquidez e eventos noticiosos futuros que possam afetar os movimentos de preços.
- **Técnicas de Scalping**: Empregar técnicas de scalping na sua estratégia de day trading. Procure movimentos rápidos de preços em mercados líquidos e capitalize as flutuações de curto prazo enquanto gere o risco.

- **Gestão ativa das transacções**: Gerir ativamente as transacções ao longo do dia. Monitorize a ação dos preços, ajuste os níveis de stop-loss e saia das transacções com base nas condições de mercado em tempo real.

9.5 Considerações psicológicas na negociação

A integração dos conceitos das TIC nas estratégias de negociação exige uma compreensão dos factores psicológicos que podem influenciar o desempenho. Esta secção explora as principais considerações psicológicas.

1. Manter a disciplina

A disciplina é fundamental para a execução eficaz dos planos de negociação. Os investidores devem aderir às suas estratégias e manter a consistência, mesmo perante os desafios do mercado.

- **Cumprir o plano**: Desenvolver um plano de negociação abrangente baseado em conceitos de TIC e comprometer-se a segui-lo diligentemente. Evitar decisões impulsivas e reacções emocionais às flutuações do mercado.
- **Gerir as emoções**: Reconhecer que a negociação pode evocar emoções fortes, incluindo o medo e a ganância. O desenvolvimento de técnicas de regulação emocional, tais como práticas de atenção plena ou o registo num diário, pode ajudar os investidores a manter a disciplina.
- **Responsabilização e revisão**: Estabelecer medidas de responsabilização, tais como diários de negociação ou análises de desempenho, para acompanhar os progressos e refletir sobre as decisões de negociação. Aprender com as experiências passadas pode reforçar a disciplina.

2. Criar confiança

A confiança nas decisões de negociação é crucial para o sucesso. Uma forte convicção nas estratégias de cada um, derivada de uma sólida compreensão dos conceitos de TIC, pode reforçar a confiança.

- **Aprendizagem contínua**: Investir na educação e no desenvolvimento de competências para melhorar os conhecimentos comerciais. Quanto mais informado estiver um operador sobre a dinâmica do mercado e os princípios das TIC, mais confiante estará nas suas decisões.

- **Reforço positivo**: Celebrar as vitórias e reconhecer as transacções bem sucedidas. Utilize o reforço positivo para criar confiança nas suas capacidades de negociação e promover uma mentalidade positiva.

- **Refletir sobre as perdas**: Em vez de ficar a pensar nas perdas, concentre-se nas lições aprendidas com as transacções mal sucedidas. Esta mentalidade de crescimento promove a resiliência e a confiança em transacções futuras.

9.6 Conclusão

A integração dos conceitos de TIC nas estratégias de negociação fornece um quadro abrangente para navegar nas complexidades dos mercados financeiros. Ao compreender princípios-chave como a estrutura do mercado, a liquidez, o fluxo de ordens e a ação dos preços, os investidores podem desenvolver estratégias acionáveis que melhorem o seu desempenho.

Um plano de negociação bem definido, uma gestão eficaz do risco e uma concentração na disciplina psicológica são componentes essenciais para o sucesso. Em última análise, a integração dos conceitos de TIC permite que os investidores tomem decisões informadas, se adaptem às condições de mercado em mudança e alcancem uma rentabilidade a longo prazo.

Conclusão

Ao chegarmos à conclusão de **"Mastering ICT Trading: Institutional Market Secrets Unveiled",** é essencial refletir sobre a viagem através do intrincado mundo da negociação e sobre as valiosas ideias adquiridas ao longo do caminho. Este livro teve como objetivo desmistificar as práticas e os princípios da negociação institucional, oferecendo aos leitores um guia completo para compreender a dinâmica que rege os mercados financeiros.

Ao longo da nossa exploração, aprofundámos os conceitos fundamentais da negociação de TIC, desde a estrutura do mercado e os pools de liquidez até ao significado de stop hunts, fases de mercado e gaps de valor justo. Cada capítulo dotou-o de uma compreensão mais profunda da forma como os actores institucionais operam e das estratégias que utilizam para influenciar os movimentos do mercado. Este conhecimento não é meramente académico; é um conjunto de ferramentas práticas que pode aplicar às suas práticas de negociação.

Uma das principais conclusões deste livro é a constatação de que negociar não é apenas obter lucros, mas compreender a mecânica subjacente do mercado. Reconhecer como as instituições operam proporciona uma vantagem distinta, permitindo-lhe alinhar as suas estratégias com as forças que impulsionam os movimentos de preços. Ao implementar os princípios discutidos, pode melhorar as suas decisões de negociação, minimizar os riscos e aumentar as suas hipóteses de sucesso.

Além disso, salientámos a importância da aprendizagem contínua e da adaptabilidade. Os mercados financeiros são dinâmicos e o que funciona hoje pode não funcionar amanhã. Adotar uma mentalidade de aprendizagem ao longo da vida, manter-se atualizado com as tendências do mercado e aperfeiçoar continuamente as suas estratégias, será útil para navegar nas complexidades da negociação. As ferramentas e técnicas descritas neste livro são apenas o começo; é da sua responsabilidade cultivar ainda mais a sua compreensão e adaptar-se às condições de mercado em mudança.

Ao embarcar na sua viagem de negociação, lembre-se da importância da disciplina e da gestão do risco. Os conhecimentos adquiridos neste livro devem não só informar as suas decisões de negociação, mas também incutir um sentido de responsabilidade na gestão do seu capital. Os investidores de sucesso não são apenas aqueles que procuram lucros, mas aqueles que dão prioridade à preservação do seu capital de negociação e compreendem o significado das saídas estratégicas.

Para concluir, **"Mastering ICT Trading: Institutional Market Secrets Unveiled"** não é apenas uma coleção de estratégias de negociação; é um convite para adotar uma abordagem holística à negociação. Ao integrar os princípios da negociação TIC na sua prática, estará a posicionar-se para prosperar no cenário em constante evolução dos mercados financeiros. A viagem pode ser um desafio, mas com os conhecimentos adquiridos neste livro e o seu empenho em melhorar continuamente, está bem equipado para navegar nas complexidades da negociação.

Que os seus esforços de negociação sejam marcados pela perspicácia, estratégia e sucesso. Bem-vindo ao mundo da negociação informada, onde pode dominar a arte de compreender e utilizar os segredos do mercado institucional.

Referências

1. **ICT (Inner Circle Trader)**. (n.d.). *Vários recursos em linha e materiais didácticos sobre os princípios de negociação das TIC*. Disponível em: Inner Circle Trader.

2. **Mark Douglas**. (1990). *The Disciplined Trader: Developing Winning Attitudes*. Prentice Hall.
   - o Este livro centra-se na psicologia da negociação e na forma como a mentalidade afecta o desempenho da negociação.

3. **Michael J. Kahn**. (1997). *Technical Analysis: The Complete Resource for Financial Market Technicians*. FT Press.
   - o Um guia essencial sobre técnicas de análise técnica para operadores novatos e experientes.

4. **John F. Carter**. (2002). *Market Wizards: Interviews with Top Traders*. Wiley.
   - o Uma coleção de entrevistas que fornecem informações sobre as estratégias e mentalidades de comerciantes bem sucedidos.

5. **David S. Nassar**. (2004). *How to Get Started in Electronic Day Trading*. McGraw-Hill.
   - o Este livro fornece informações sobre as estratégias de negociação diária e a importância da tecnologia nos ambientes de negociação modernos.

6. **Alexander Elder**. (1993). *Trading for a Living: Psicologia, Tácticas de Negociação, Gestão de Dinheiro*. Wiley.
   - o O trabalho de Elder sublinha a importância dos factores psicológicos e da gestão do risco para uma negociação bem sucedida.

7. **John J. Murphy**. (1999). *Technical Analysis of the Financial Markets: A Comprehensive Guide to Trading Methods and Applications*. Instituto de Finanças de Nova Iorque.
   - o Um texto de base que abrange vários métodos de análise técnica, essenciais para compreender o comportamento e as tendências do mercado.

8. **William J. O'Neil**. (2009). *Como ganhar dinheiro com acções: A Winning System in Good Times and Bad*. McGraw-Hill.

   o O'Neil apresenta a estratégia CAN SLIM, que integra a análise fundamental e técnica na negociação de acções.

9. **Larry Williams**. (1998). *Long-Term Secrets to Short-Term Trading*. Wiley.

   o Williams partilha ideias sobre estratégias de negociação a curto prazo que podem complementar a abordagem TIC.

10. **Brett N. Steenbarger**. (2009). *The Psychology of Trading: Tools and Techniques for Minding the Markets*. Wiley.

   o Este livro explora os aspectos psicológicos da negociação, fornecendo ferramentas para melhorar a disciplina e o desempenho da negociação.

11. **Thomas Bulkowski**. (2008). *Encyclopedia of Chart Patterns*. Wiley.

   o A obra de referência de Bulkowski sobre padrões gráficos é inestimável para os investidores que procuram compreender os sinais visuais nos dados do mercado.

12. **Kathy Lien**. (2015). *Day Trading e Swing Trading no Mercado de Moedas: Estratégias técnicas e fundamentais para lucrar com os movimentos do mercado*. Wiley.

   o Lien oferece um guia completo de estratégias de negociação forex que pode ser útil para os comerciantes de TIC.

13. **Perry J. Kaufman**. (2005). *Trading Systems and Methods*. Wiley.

   o Uma análise detalhada de vários sistemas e metodologias de negociação, fornecendo uma base sólida para os investidores desenvolverem as suas estratégias.

14. **André Kostolany**. (2016). *A Arte de Investir: Um Guia Prático de Investimento na Bolsa de Valores*. Publicações da K.I.T. Verlag.

   o Kostolany fala sobre a sua filosofia de investimento e abordagens práticas para navegar no mercado de acções.

15. **Victor Sperandeo**. (2001). *Trader Vic: Métodos de um mestre de Wall Street*. Wiley.

o Este livro apresenta a filosofia e as estratégias de negociação de Victor Sperandeo, conhecido pela sua carreira comercial de sucesso.

16. **Carl A. Swenlin**. (2011). *Decision Point: Um Guia para Negociar e Investir em Acções*. Decision Point Publishing.

o Swenlin centra-se na análise técnica e no timing do mercado, oferecendo ferramentas para decisões de negociação eficazes.

17. **Evan J. A. Neumann**. (2017). *Algorithmic Trading: Estratégias vencedoras e sua lógica*. Wiley.

o Uma abordagem moderna à negociação que enfatiza as estratégias algorítmicas, que podem complementar os métodos de negociação TIC.

18. **Yvan Byeajee**. (2019). *A Coleção de Psicologia do Comércio: 3 livros em 1: O Manual de Psicologia de Negociação, A Masterclass de Psicologia de Negociação e O Kit de Ferramentas de Psicologia de Negociação*. Publicado de forma independente.

o Um recurso abrangente para compreender a psicologia da negociação, crucial para manter a disciplina nas práticas de negociação.

19. **Tom Williams**. (2009). *Dominar os mercados: A Practical Guide to Trading in the Stock Market*. Wiley.

o Williams oferece estratégias de negociação práticas e conhecimentos sobre o comportamento do mercado, concentrando-se na análise de volume.

20. **Sandi Bragar**. (2018). *Compreender a estrutura do mercado: Um guia para negociar os mercados*. Publicado de forma independente.

o Este guia ajuda os investidores a compreender a estrutura do mercado, um conceito-chave na negociação de TIC.

Buy your books fast and straightforward online - at one of world's fastest growing online book stores! Environmentally sound due to Print-on-Demand technologies.

Buy your books online at
www.morebooks.shop

Compre os seus livros mais rápido e diretamente na internet, em uma das livrarias on-line com o maior crescimento no mundo! Produção que protege o meio ambiente através das tecnologias de impressão sob demanda.

Compre os seus livros on-line em
www.morebooks.shop

MIX
Papier aus verantwortungsvollen Quellen
Paper from responsible sources
FSC® C105338

Printed by Books on Demand GmbH, Norderstedt / Germany